书山有路勤为径,优质资源伴你行
注册世纪波学院会员,享精品图书增值服务

# 创新者的
# 设计思维

## DESIGN THINKING
FOR MANAGEMENT, LEADERSHIP AND
INNOPRENEURSHIP

陈 劲
[新加坡]陈家赐（KC Chan） 著
王志玮　李 彬 译

電子工業出版社.
**Publishing House of Electronics Industry**
北京·BEIJING

Design Thinking: For management, leadership and innopreneurship
By 陈劲，陈家赐（KC Chan）
Copyright © 2023 by Wholistic Institute of Lifelong Learning（WILL）LLP
All rights reserved.
Simplified Chinese translation copyright © 2024 by Publishing House of Electronics Industry Co., Ltd
No part of this publication may be reproduced, distributed or transmitted in any form or by any means, without prior written permission.
本书中文简体字版专有翻译出版权经由 Wholistic Institute of Lifelong Learning（WILL）LLP 授权电子工业出版社独家出版发行。未经书面许可，不得以任何方式抄袭、复制或节录本书中的任何部分。
版权贸易合同登记号　图字：01-2022-6047

图书在版编目（CIP）数据

创新者的设计思维 / 陈劲，（新加坡）陈家赐著；王志玮，李彬译. —北京：电子工业出版社，2024.2
书名原文：Design Thinking: For management,leadership and innopreneurship
ISBN 978-7-121-47035-6

I. ①创… II. ①陈… ②陈… ③王… ④李… III. ①企业管理－研究 IV. ①F272

中国国家版本馆 CIP 数据核字(2024)第 009552 号

责任编辑：刘　琳
印　　刷：天津画中画印刷有限公司
装　　订：天津画中画印刷有限公司
出版发行：电子工业出版社
　　　　　北京市海淀区万寿路 173 信箱　邮编：100036
开　　本：720×1000　1/16　印张：13.25　字数：195 千字
版　　次：2024 年 2 月第 1 版
印　　次：2024 年 2 月第 1 次印刷
定　　价：75.00 元

凡所购买电子工业出版社图书有缺损问题，请向购买书店调换。若书店售缺，请与本社发行部联系，联系及邮购电话：（010）88254888，88258888。
质量投诉请发邮件至 zlts@phei.com.cn，盗版侵权举报请发邮件至 dbqq@phei.com.cn。
本书咨询联系方式：（010）88254199，sjb@phei.com.cn。

我们不能改变这个世界,但我们可以改变人们的设计方式。

——作者

# 设计思维的路线图

❖ 认知——什么是设计思维

"我知道"设计思维是一种以用户为中心的战略,利用正确的流程、人员和实体世界[1]来支撑,它能够让组织拥有超级执行能力。

❖ 对齐——为什么设计思维是一项关键任务

"我理解"设计思维流程可以通过全方位整合式思维的6As实现有效的监督和控制。这是为了确保组织的使命(组织的核心能力)与愿景(组织独特的能力,如公司整体的品牌领导力)对齐,并由正确设计的、能开发组织成长能力的战略所驱动,由可衡量的组织价值观所指导。战略会改变,而价值观保持不变,价值观驱动行为,行为驱动结果。

❖ 行动——如何培养设计思维

"我可以"用驱动价值创新的激情来培养设计思维,以提高相关业务部门的增值能力,提高组织内部的管理、领导和创新能力,在管理利益相关者关系

---

[1] "实体世界"原文为"Planet",泛指包括物联网、通信技术、云技术、SAP 系统等能够使我们的工作更轻松、更快捷的技术、工具和工作条件。——编者注

与价值上和实施以用户为中心的战略上表现卓越。

❖ 实施——谁是真正的设计思考者

"我确信"在工业4.0—5.0时代，技术将统治世界。为了与时俱进，为了在VUCA（不稳定、不确定、复杂和模糊）商业环境中奋斗和成长，每个人都要成为"思考型人才"，他们能够将昂贵和复杂的产品、服务、解决方案转变为简单且实惠的产品、服务、解决方案。

❖ 巩固——在哪里加入设计思维

"我意识到"任何无法测量的东西都很难管理和控制。设计思维的倍增效应可使产品、服务、解决方案的设计具有可测量性，比如更快（速度和交付保证）、更好（质量）和更智能（成本和灵活性）。设计思维是一种以用户为中心的战略，它的制胜法宝是流程驱动和人员驱动。

❖ 预测——设计思维什么时候最有效

设计思维作为一种核心能力，只有与全方位整合式思维的独特性相结合才能发挥最好的作用。全方位整合式思维具体应用如下：

- 帮助澄清有效规划的整体思维。
- 帮助实现有效控制的系统思维。
- 帮助做出有效决策的批判性思维。

为了持续改进，我们需要考虑机会和威胁、事实和趋势。我们需要创新当前的产品、服务、解决方案，以保持领先性和竞争力。我们需要横向思维，如从6个不同角度进行有效的同理心分析。整体思维、系统思维、批判性思维和横向思维，这4种思维能力可以作为设计思考者（思考型人才）的切入点，来探究如何利用全脑的设计思维能力进行加速学习。

设计思维最终应该演化成一个组织难以模仿的高绩效文化，这是基于项目的加速行动学习©的结果。预测是一个闭环监测，可以控制从"认知"到"巩固"的全路线，这个过程伴随着风险应对战略和行动计划的产生和执行，以最大限度地减少对成本、质量和速度目标的更改。

# 结　　语

从作为个体（设计思考者）提高附加价值到通过流程（设计思维）创新价值的转变，是将一个传统的管理者转变为"设计思维型人才"的过程，这位设计思考者将拥有：

- 整合资源的专长权。
- 组织高绩效团队成功执行项目的沟通能力。
- 持续改进项目的创新适应能力。他可以从6个不同的视角分析和改进当前的产品、服务、解决方案，实现更快、更好、更智能的商业成果，超越利益相关者的期望。
- 耐力——他必须有耐力来保证设计的持久性。

下面的韦恩图（见图0-1）描述了设计思维概念、能力和连接之间是如何相互关联以适应变化的。

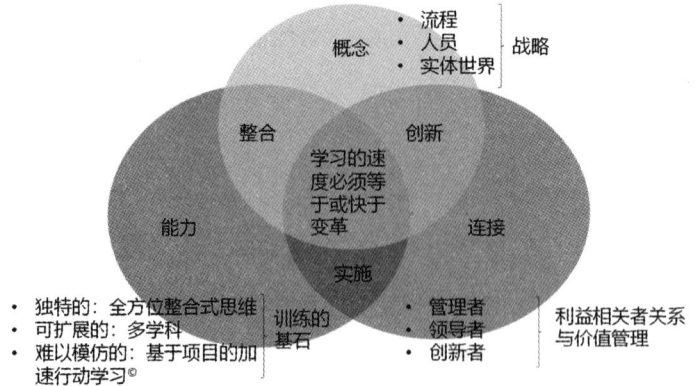

图 0-1　设计思维概念、能力和连接之间的关系

**变革**：唯一不变的是变化。变化来自设计思考者的内心（激情）和大脑（逻辑）。为了保持有价值、持续发展和追求卓越，以获得可持续的竞争优势，学习的速度必须赶上甚至超越变革。

**概念**：设计思维注重利益相关者关系与价值，它是一种以用户为中心的战略，需要由"对的人员"采用"对的流程"，并利用"对的实体世界"，才能达成更快、更好和更智能的卓越表现，从而超越竞争对手。

**能力**：核心能力必须是独特的、可扩展的、难以模仿的。

- 独特性需要运用全方位整合式思维。
- 可扩展性需要借助多学科的应用。
- 难以模仿性需要基于项目的加速行动学习©，以获得竞争力并减少变革的阻力。

**连接**：善于管理利益相关者关系与价值，实现互利共赢，这对于管理者、领导者和创新者来说是一项至关重要的技能。

# 推荐序

在21世纪商业的丛林中，创新成为企业生存、增长和繁荣的核心驱动力。《创新者的设计思维》一书在此背景下诞生，旨在引领读者在VUCA（不稳定、不确定、复杂和模糊）的环境下驾驭变革，提倡利用设计思维作为超越竞争和加速组织转型的指南针。

本书基于作者多年的丰富经验和深刻洞察，深入剖析了设计思维在商业领域的广泛应用，并将其定义为一种以用户为中心的战略，这种战略不仅与利益相关者的关系紧密相连，也与组织的价值观息息相关。书中详细阐述了设计思维的核心元素——合适的流程、尖端的技术和恰当的人才。当这些元素相结合，它们将赋予组织达到最优执行力的能力、方向和速度。

《创新者的设计思维》提出了设计思维的"五个为什么"，探讨了它的基本价值和在当代组织中的广泛应用。这种方法不仅提高了组织的执行能力和时效性，而且还为组织实现最高水平的执行力奠定了基础。书中以问答形式激发读者思考设计思维的深层价值，提高其在商业战略中的重要性。

综合来看，这本书不仅仅是关于项目管理或决策的，它代表了一个全面的创新系统，影响着组织的各个层面。作者强调，每个团队成员都必须在业务价值链的整合中扮演角色，以确保持续创新和保持竞争力。在快速变化的世界里，《创新者的设计思维》展现了创新的持久价值。

作者在书中也探讨了设计思维与全方位整合式思维的结合，认为全方位整合式思维模式——整体思维、系统思维、批判性思维和横向思维——为设计思维提供了坚实的基础，并定位其为实现持续改进和满足利益相关者期望的关键。书中详细地描述了基于全方位整合式思维模式的设计思维的10个工具和8个流程的应用。这10个工具分别是：概念图，九宫格解决方案，微笑曲线，8As流程，S-I-O-M模型，闭环系统图，设计思维与全方位整合式思维之家，创新与运营能力模块，设计思维与全方位整合式思维矩阵，知—做—教—导循环。而8个重要流程是：认知、对齐、行动、实施、巩固、适应、优势和预测，每个步骤都对组织成功至关重要。

《创新者的设计思维》通过案例研究、理论洞察和实践工具，为管理者、领导者和创新者带来宝贵财富。它提供了理解和应用设计思维的全新视角，并确保组织能在动态的全球市场中持续取得成功。综上所述，本书是现代商业战略的精华，它不仅重塑了读者对设计思维的认识，还提供了具体的应用方法，呼吁领导者、管理者和创新者采纳一种全新的心态来面对商业挑战，为可持续成功铺平道路。对于那些渴望利用远见、战略和坚定决心来驾驭现代商业复杂性的人士，这是一本必读之作。

姜台林博士
法思诺创新教育（北京）总裁/首席创新顾问
国际设计思考学会联合创始人/副主席

# 前　　言

设计关注的不仅是事物的外观和感受，更是其运作的方式。

——苹果公司已故首席执行官　史蒂夫·乔布斯

关于设计思维的5个"为什么"。

1. 为什么需要写这本关于设计思维的书？

设计思维是一种注重利益相关者关系与价值、以用户为中心的战略，利用"对的流程"（流程驱动）"对的实体世界"（技术驱动）的"对的人员"（人员驱动）来实施。设计思维为人们提供了执行能力、执行效率和执行纪律，这些最终导向最高执行力。

2. 为什么设计思维要应用于管理？

设计思维应该渗透整个组织，就像全面质量管理体系一样。每个人都需要在商业价值链的整合过程中做出贡献并发挥作用，这样组织才能保持与时俱进，获得持续竞争力。管理的作用是对系统进行优化，需要由正确的人员进行管理，这些人员了解流程，能够利用正确的实体世界并以正确的方式完成工作。管理的目标是产品质量设计零缺陷，以及服务、解决方案质量设计零投诉，即实现价值创新的成功因素——创新价值的同时降低成本。

3. 为什么设计思维要应用于领导力发展？

领导是领导者引领变革管理的过程。如果只有少数人擅长运用设计思维，而其余的人都依赖这几个人，组织就无法快速发展，因为当组织从国内业务扩展到国外业务，再扩展到国际业务，最后扩展到全球业务时，他们将无法合理应对迅速增加的业务量。其背后的逻辑是这样的，设计思维专业知识的层次是不同的，有些适合轻量级项目，有些适合中等量级项目，有些适合最严苛且最复杂的重量级项目。关键的少数人是那些利用全球化效应在全球业务中创造最高销售收入和丰厚利润的人。

### 4. 为什么创新者需要设计思维？

创新者是一个个体，创新是一个在组织中培养创新者的过程。创新者精神提供了源源不断的能量、激情和获得成功的欲望，这是使一个组织长盛不衰的重要因素。创新者总有一天会燃尽生命，而忠诚的客户可能只想和这个领导者做生意。创新者之所以能够持续，是因为它可以发展成为一个令组织获得高绩效的文化，也就是组织成员的行为方式。对于这样的组织来说，随着时间的推移，其品牌领导地位和资产价值将不断提升。

### 5. 为什么设计思维必须与全方位整合式思维相结合？

全方位整合式思维包括：

- 通过整体思维整合流程、技术和风险应对措施，实现清晰规划。
- 通过系统思维将战略转化为成功实施与控制的优先计划和项目的组合，实现有效执行。
- 通过批判性思维对创意、流程、产品或营销组合的创新和项目挑战进行优先级排序，实现有效决策。
- 横向思维是进行有效同理心分析的整体思维、系统思维和批判性思维的基础，以实现持续改进，并以超越利益相关者的期望为首要目标。

设计思维流程融入了系统思维，注重优化用户体验以提升客户满意度和客户留存率，其涉及的流程可以用8As（8As扩展于6As流程）表示。

- 认知（Awareness）
- 对齐（Alignment）
- 行动（Action）
- 实施（Adoption）
- 巩固（Assurance）
- 适应（Adaptation）
- 优势（Advantage）
- 预测（Anticipation）

进行利益相关者关系与价值管理对成功至关重要。

本书采用了一种全面而实用的方法，提供了设计思维的10个工具和8个流程，帮助任何个人或组织获取设计思维的相关知识，并在工业4.0—5.0时代将这些知识付诸实践。这些知识和实践将受到VUCA商业环境中复杂的全球化力量的影响。

未来的竞争力基于我们在4个方面的能力——整合、实施、创新、持续改进，这些需要我们持续地管理利益相关者关系与价值，专注于创新价值以达到或超过主要客户的期望。为追求卓越绩效而使用设计思维不再是一种偶然现象，而将成为获得可持续竞争优势的标准选择。创新结果的好坏取决于组织的执行能力。因此，设计思维的初始概念可能已经过时，在工业4.0—5.0时代，设计思维要想发挥最佳作用，就需要与全方位整合式思维充分融合，以加速行动学习，如图0-2所示。

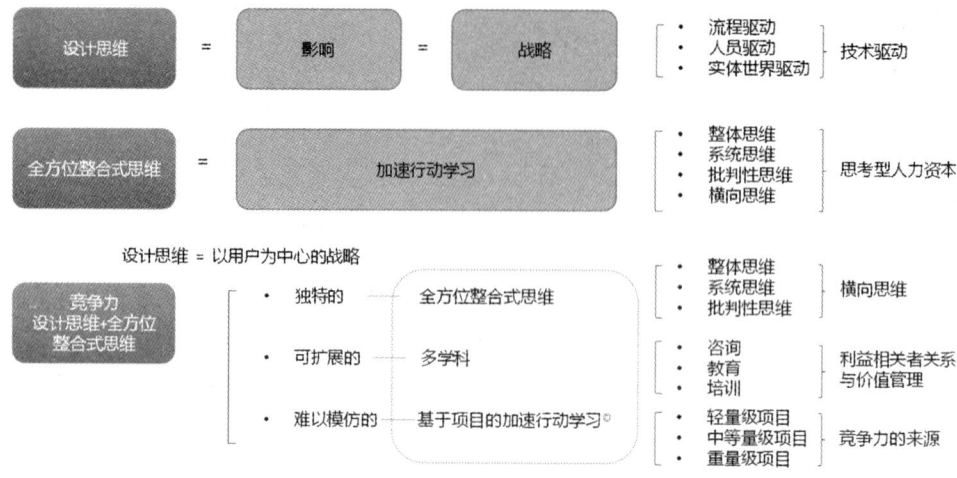

图 0-2 设计思维与全方位整合式思维的融合作用机制

## ❖ 概要

在这个动荡且快速变化的商业环境中，现代管理流程和工具可帮助组织实现其战略、业务和运营目标。项目有助于实现变革并让组织有效地实施新战略。无论产品或服务领域如何，战略、业务和运营能力都需要采用整合式创新方法来解决更复杂、更引人注目的管理、领导和创新问题。由于全球化影响和VUCA商业环境，管理者需要改进和强化他们的工具，通过确保战略在业务和运营层面的转化和成功实施，来获得可持续的业务绩效，从而获得组织的最高执行能力。

每个组织的目的都是蓬勃发展并争取世界一流的业绩，开发全球商机。本书中的10个有效的创新工具可以与共情、定义、构思、原型、测试和持续改进的基本设计思维过程相结合，以实现基于项目的加速行动学习©，让企业的成长速度超过企业创新业务生态系统的变化速度（Chan，2023）。

面向21世纪管理者、领导者和创新者的10个创新工具旨在通过投资于组织项目驱动的行动学习，来弥合理论与实践之间的差距，从而帮助具有前瞻性的企业实现业务价值的倍增。其结果是个人发展能力、项目团队能力和组织执行能力的全面提高。创新组织的使命是培养一批具有全脑思维的人力资本，他们在管理、领导和创新方面具有统一的技能。其组织价值观是取得成功、扩大成功和维持成功，并为社会做出重大贡献——通过管理创造更美好的社会。为了在21世纪保持与时俱进和竞争力，必须应对全球化的影响和VUCA商业环境中的战略挑战。整合式创新管理（Holistic Innovation Management，HIM）拥抱战略创新、全面创新、协同创新和开放创新。

## ❖ 从企业家到科技创业者再到创新者的演变

管理者的角色演变存在三个阶段，即企业家阶段（工业1.0—2.0）、科技创业者阶段（工业2.0—3.0）和创新者阶段（工业3.0—4.0）。图0-3概括了迄今为止三个角色的演变阶段。很明显，21世纪20年代以后的管理方式会发生颠覆性的变化，在数字化时代，预计约40%的日常工作将被人工智能或自动化取代。仆人式领导需要增强和丰富软技能（如人际交往技能等），以影响和激励新一代劳动力。企业家的热情和抱负也需要改变，以适应新时代的要求，从创业到卓越执行，从科技创业到卓越执行，最后从创新到卓越执行。为了发挥最大的作用，这三个方面必须统一并协同工作——管理（Management，M）、领导力（Leadership，L）和企业家精神（Entrepreneurship，E）/技术创业精神（Technopreneurship，T）/创新者精神（Innopreneurship，I），即MLE/T/I组合是密不可分的、重叠的且不可分割的。然而，在组织发展的不同阶段，为了达到最佳绩效，MLE/T/I的组合比例会有所不同。在当前由工业4.0向工业5.0过渡的时代，成功的企业（中小企业和跨国企业）必须努力追求卓越的创新文化，并在企业奥运选手（人类冠军）的推动下实现卓越的执行能力。

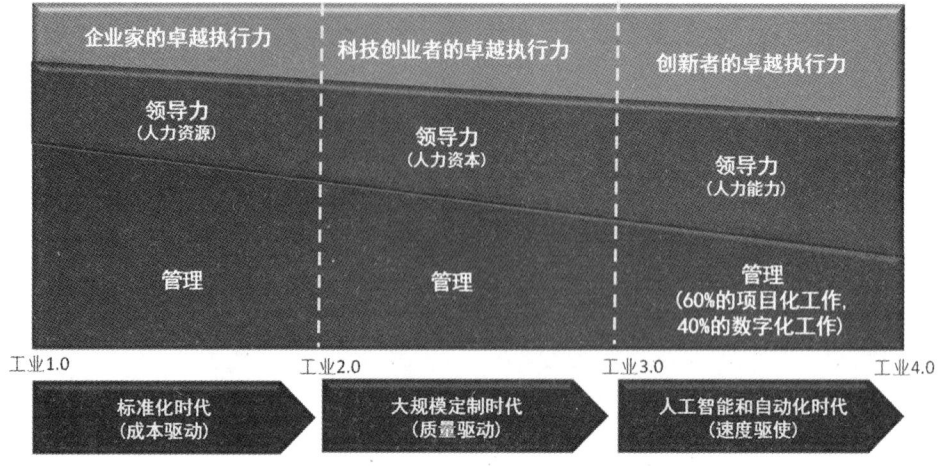

图 0-3 管理者的三个角色演变阶段

图0-4总结了管理、领导和创新的设计思维中的十大整合式创新管理工具。

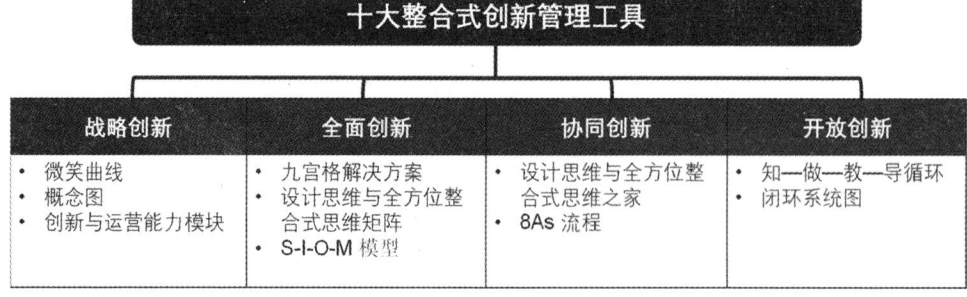

图 0-4 十大整合式创新管理工具

# 目　录

第一章　认知：什么是设计思维 ........................................... 1

第二章　对齐：为什么设计思维是一项关键任务 ......... 27

第三章　行动：如何培养设计思维 ...................................... 51

第四章　实施：谁是真正的设计思考者 ............................. 85

第五章　巩固：在哪里加入设计思维 .................................. 99

第六章　预测：设计思维什么时候最有效 ...................... 123

后记 ................................................................................................ 171

参考文献 ...................................................................................... 189

致谢 ................................................................................................ 193

关于作者 ...................................................................................... 194

# 第一章 认知：什么是设计思维

设计思维既不是艺术，又不是科学，更不是宗教。它是一种能力，一种综合思考的能力。

——IDEO首席执行官 蒂姆·布朗

# 导　语

我们生活在一个非理性且充满矛盾的时代（Handy，1994），唯一不变的就是变化。为了在VUCA全球商业环境中生存，我们必须比现实世界的变化更快、更好、更智能地学习，以超越竞争对手。最终的结果就是在加速学习的推动下变得更智能。图1-1展示了贯穿整个组织的，从个人层面到团队层面，再到组织层面的过程中，加速学习的重要性。这让作者坚信可以通过高效的管理优先计划和项目组合来实现组织的加速学习，从而找到正确的可以提升能力的方法。Chan（2016）在之前的一篇文章中阐述了项目管理作为所有管理者核心能力的重要性，即基于项目的加速行动学习©的重要性。

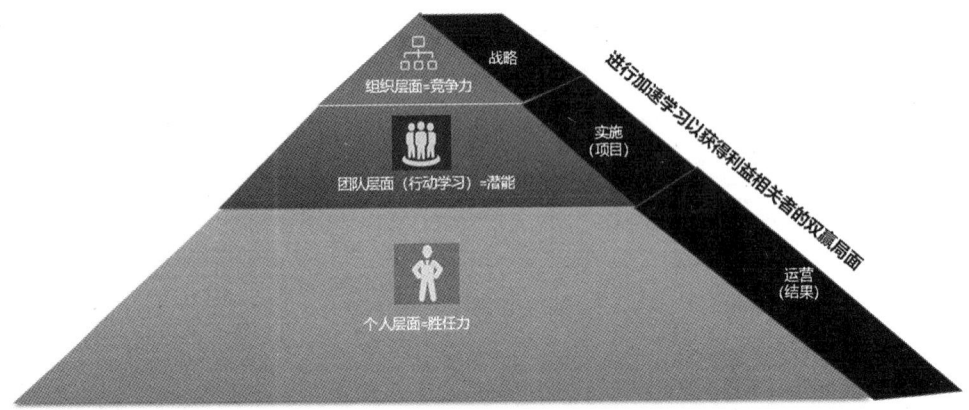

图1-1　个人、团队及组织层面的加速学习

经过35年的不断探索，作者发现，最值得做的事情之一就是培养全脑型管理者（Herrmann-Nehdi，2015；Pink，2006）。从作者的角度来看，这保证了设计思维对全方位整合式思维的引导作用。本质上，全方位整合式思维是同时使用右脑（整体思维）和左脑（系统思维）进行有效分析（横向思维）的思维能力，并最终产生有效决策（批判性思维）。陈劲和陈家赐教授是全方位整合

式思维概念的鼻祖。全方位整合式思维可以转化为交互且相互关联的思维类型。竞争力对于工业4.0—5.0时代至关重要，即整合、实施、创新和持续改进的能力。如果缺乏对关键利益相关者关系与价值管理的正确方式，这种竞争力就无法提高、被有效发挥并全球化，因为这些利益相关者可以影响一次努力、一个项目或一项投资的成败。例如，人们努力进入世界顶尖大学，如剑桥、哈佛、牛津、斯坦福等，他们所追求的不仅是教学的质量和最先进的教学设施，而是为了与在那里学习的"对的人"（例如，世界级公司的未来领导者，富有能力的创新者或成功的政治家），即在未来几年可能具有极大影响力的人建立"对的联系"！利益相关者关系与价值管理将带来双赢，通过设计思维战略形成协同效应，产生"核聚变"。因此，运用设计思维是为了产生影响力！

## 令个人、团队和组织加速学习的设计思维

设计思维与全方位整合式思维的概念、能力和之间的连接可以借助九宫格解决方案来更好地解释，它有助于将注意力集中在主要领域的重要元素上。九宫格解决方案首先是定义目标（为什么使用全方位整合式思维）和范围（全方位整合式思维的使用范围是什么），其次是制定战略（在规定的全方位整合式思维范围内达到目标的方式）。因此，本节将在下面详细阐述九宫格解决方案（设计思维的工具之一），它为全方位整合式思维设定了正确的方向。

❖ 目标（为什么）

从提高个人的全方位整合式思维能力开始，通过团队行动学习提升技能，掌握全方位整合式思维或全脑思维，以加速学习，提高组织执行能力。

❖ 范围（是什么）

全方位整合式思维由四种类型的思维能力组成，如图1-2所示。

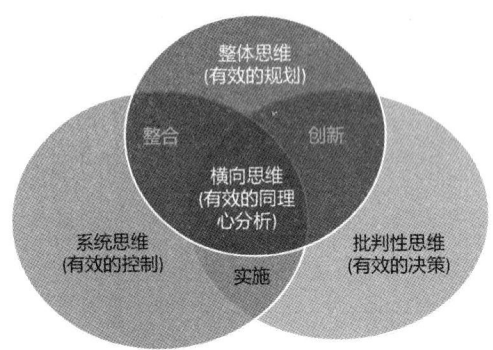

图1-2　全方位整合式思维四种类型的思维能力

- 促进有效规划的整体思维——本质上是整合想法、概念、流程、人员和技术，以实现协同效应。

- 促使有效控制的系统思维——本质上是成功地执行战略。战略被转化为可以成功实施的优先计划和项目组合，因此可以对关键绩效指标进行有效的控制。

- 促进有效决策的批判性思维——本质上是想法、产品和解决方案的颠覆性创新，将昂贵的产品、服务、解决方案转变为简单并且实惠的产品、服务、解决方案。

- 横向思维是进行有效的同理心分析，是开展整体思维、系统思维和批判性思维的基础，用以消除偏见。实际上，De Bono（2015）的这种解决问题的方式（六项思考帽）由六种不同的颜色组成，不同的颜色代表从不同的角度去分析问题。为了保持领先性和竞争力，持续改进的能力是必需的。因此，比竞争对手更快、更好和更智能不再是一种选择，而是一种标准。

全方位整合式思维的最终目的是变得更加有效率和产生更好的效果。设计思维作为一种战略为全方位整合式思维带来了具有战略导向的行动优势，这种行动优势将成为2020年以后的"杀手锏"。

设计思维可以定义为"一个全方位整合式的解决方案驱动的思维过程，以提高效率和增强创新性"。将设计思维定义为一种注重利益相关者关系与价值、以用户为中心的战略，可以分解如下：

- 愿景（Goal）：推动战略发展和提升组织变革的实施效能。
- 目的（Objective）：以全方位整合式的解决方案为导向，调动全脑的力量，提升解决问题的效能。
- 目标（Target）：创建具有创新性和创造力的可衡量的关键绩效指标并完成它，如获取成本、质量、速度、交付保证的可靠性和灵活性等优势。

## ❖ 战略（如何在其要求范围内达成目标）

能够获得成功的战略取决于正确的框架，全方位整合式思维将使用四种类型的思维能力进行有效的监督和控制。

横向思维使用六种思维视角（六项思考帽）来确保战略符合公司的战略要求，并证明其商业可行性。

- 需要使用基于证据的事实和数据（白帽）。
- 关键利益相关者需要充分投入并保持激情，以此来推动项目走向成功（红帽）。
- 战略的风险管理需要在其实施和运行期间进行，并提前进行规划（黑帽）。

- 在考虑了悲观的一面之后，也有必要考虑乐观的一面（黄帽）。
- 对于销售和市场营销团队来说，在市场上升期为新兴业务制订一个行动计划是至关重要的（找准时机是把握商机的关键）。创造新的、畅销产品需要进行颠覆性创新（Christensen，2010）。公司的关键利益相关者不断经历学习—遗忘—再学习的过程，以获得具有创造性和创新性的想法（绿帽）。
- 公司必须有职业经理人。在公司价值观、使命和愿景的指导下，职业经理人制定短期（3年）、中期（6年）和长期（10年以上）的经营战略，以满足不同利益相关者的期望，如客户、供应商、投资者、股东等（蓝帽）。

形成战略逻辑背后的洞察源于有效的同理心分析，据此制定一种条理清晰的、具有连贯性的战略，如图1-3所示。连贯性意味着该战略使用了设计思维，并经过了战略、业务和运营审查，以使愿景、目标和目的保持一致，并得到来自不同管理层的内部和外部关键利益相关者的认可。根据Kaplan & Norton（2008）的研究，在实施过程中90%的战略失败是因为没有一个充分且有效的计划。

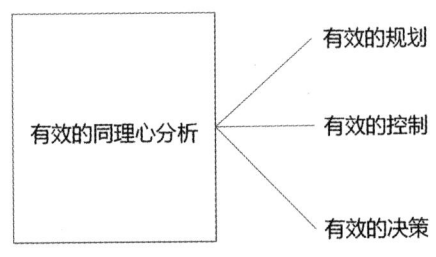

图1-3 全方位整合式思维的战略

战略需要转化为一套优先计划和项目组合，以便进行有效的监督和控制。除非你知道要监控什么，否则不要执行任何项目。大多数运营决策都是实时做出的，作为批判性思维的结果，横向思维、整体思维、系统思维的整合有助于做出更好和更有效的决策。

## ❖ 人员（谁是流程负责人）

我们继续讨论通过转化为优先计划和项目组合的方式来成功执行战略的背后逻辑，关键是要认识到该过程中最薄弱的环节在于项目管理。对项目成功或失败负有责任的关键利益相关者是项目的流程负责人，也就是说，项目的发起人和项目经理对成本、速度和质量方面的可交付成果负有全部责任，而项目团队成员对他们各自所开展的活动进行负责，如图1-4所示。

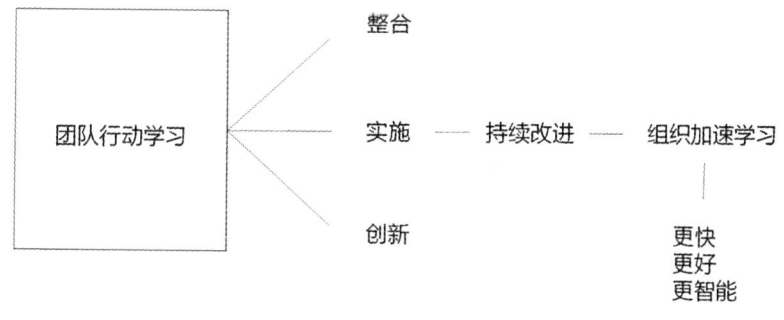

图 1-4　流程负责人的作用

可以肯定的是，该团队将采用行动学习，即边做边学的方式开展项目，通常有五个项目管理过程，即启动—计划—执行—监控和控制—结束项目，项目生命周期将在客户最终确认验收后结束。团队基于项目的加速行动学习©将整合相关流程，会根据公司的标准操作程序来实施这些流程，并使用流程再造技术改进内部业务流程，以缩短项目的总交付时间。

为了保持领先性并获得可持续的竞争优势，必须通过引入精益六西格玛来确保持续改进。这意味着最大限度地减少浪费和优化资源，做到比竞争对手更快、更好、更智能。这需要多个关键利益相关者的帮助，整个组织必须步调一致，以提高团队技能、改善团队作风和加速团队行动学习。这将产生一个真正的学习型组织，形成利用加速行动学习实现卓越绩效的组织文化。组织变革的设计思维是流程驱动的（8As），通过在全组织范围内开展精益六西格玛管理进行持续改进，可以降低成本和消除浪费。

具备快速反应能力的设计思维流程通过组织的行动学习转变为敏捷思维能力，以实现持续的自我认知、自我发展、自我管理和利益相关者关系与价值管理，从而保持领先性与可持续的竞争力。设计思维是以人为本的，在利益相关者关系与价值管理方面具有重要作用。

❖ 支持（哪里最需要资源）

为了实现资源配置的优化，选择合适的人是至关重要的，这些人必须具备所需的核心能力。对于执行能力，"对的流程"必须由有能力实现成本效益的、"对的人员"来实施。这些人需要具备"对的能力"，通过正确利用"对的实体世界"来提高完成速度。

如图1-5所示的设计思维的支持三部曲，表明了获得最高生产力的三个相互依赖的元素——人员驱动、流程驱动和实体世界驱动，以确保对人力、资本、器械、方法、材料、时间资源的最佳利用。需要有对的流程，利用对的实体世界的对的人员执行，以获得总体成本、质量、速度、交付保证的可靠性和灵活性等多方面的优势。需要明确的是，工业4.0—5.0时代是由技术驱动的。

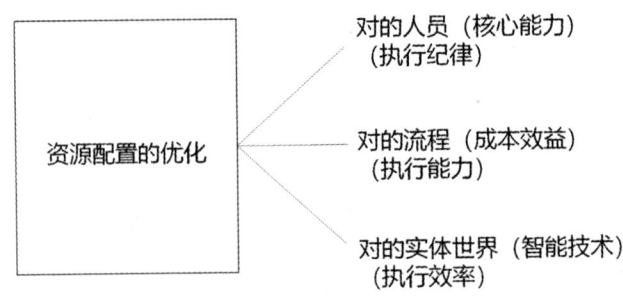

图 1-5　设计思维的支持三部曲

❖ 结构（如何实现组织对以用户为中心的设计思维战略的支持）

未来有赖于开发思考型人才，即能够更快地思考、更好地表现，以智取胜的全脑型管理者。全脑型管理者是那些能够进行概念化的人，他们能够灵活地学习并使用各种技能，提升自己的能力，以应对VUCA商业环境下不断变化和全球化的需求，他们需要敏捷的社交能力，以便与适当的利益相关者建立联系，实现双赢。

设计思维型人才将他们的资源投入到学习—遗忘—再学习过程中，以适应全球商业环境的快速转变。人力资源和人力资本的基本区别在于投资回报率。对于常规工作来说，人力资本的投资回报率至少是纯人力资源的十倍。在工业4.0—5.0时代，常规工作终将被机器人和智能工厂所取代。思考型人力资本的能力结构如图1-6所示。

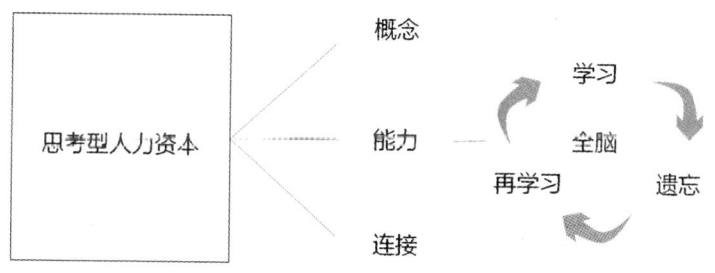

图1-6 思考型人力资本的能力结构

Chandler（1962）指出，"结构遵循战略"。然而，在大多数组织中，正式的组织结构是固定的，改变组织结构以适应战略是一项烦琐而难以完成的任务。最终的结果往往是，由于人员、流程和实体世界的无效性和低效率，导致项目绩效不佳。要想解决这种问题，可以参照图1-9中给出的应对这一挑战的解决方案。

❖ 流程（以最低风险执行项目的方法——8As）

如图1-7所示，整合项目驱动和流程驱动的本质是为了最小化项目实施过程中的变革阻力。将项目驱动和流程驱动整合成一个单一的过程称为6As流程方法。

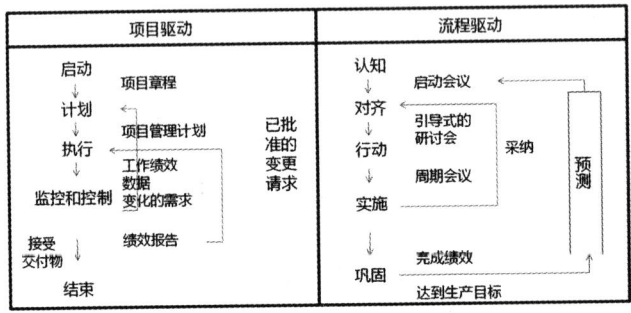

图1-7　6As流程方法

见以下6As扩展至8As：

- 产生认知（我知道）
- 确保对齐（我们理解）
- 实施行动（我们可以）
- 鼓励实施（我们想要）
- 执行巩固（我们擅长）
- 增强适应（我们改变）
- 拥抱优势（我们改进）
- 加强预测（我们检查）

这8个用于关键利益相关者关系与价值管理的以用户为中心的设计思维流程，是由人员驱动的。该流程将带来五个项目管理过程，即启动—计划—执行—监控和控制—结束项目。

其关键是将工作划分为常规工作和非常规工作。常规工作与常规操作相关，非常规工作是项目工作。Kotter变革管理的八个步骤适用于这种非常规工作（建立变革的紧迫感，组建强大的领导联盟，建立愿景，沟通愿景，移除障碍，计划并获得短期成功，巩固成果和持续深入开展变革，植入组织文化）。

❖ 进度（什么时候获得高绩效文化）

以更快的变化速度获得理想的绩效文化。为了应对实时的业务需求，必须制定一种比竞争对手更优异的以用户为中心的设计思维战略。这时，就需要使用项目化的组织结构方式，其不会扰乱正式的矩阵式组织结构，如图1-8和图1-9所示。

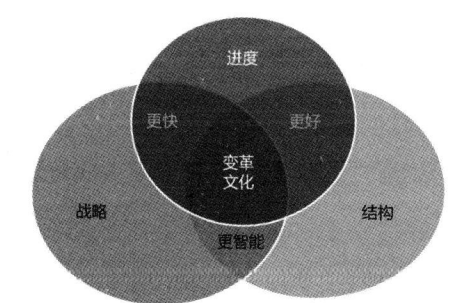

图1-8 进度、战略和结构的结合

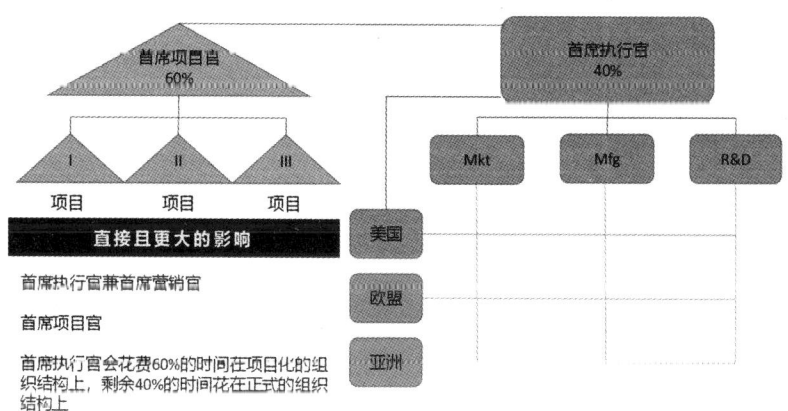

图1-9 项目化的组织结构

许多世界级的领先组织正在使用项目化的组织结构来加速新产品和新市场的开发。文化的转变是流程驱动的，从而产生组织行为的改变。当雇主和雇员在整个组织中从旧行为转变为新行为时，这种情况就会出现，否则，学习将不会发生（见图1-10）。

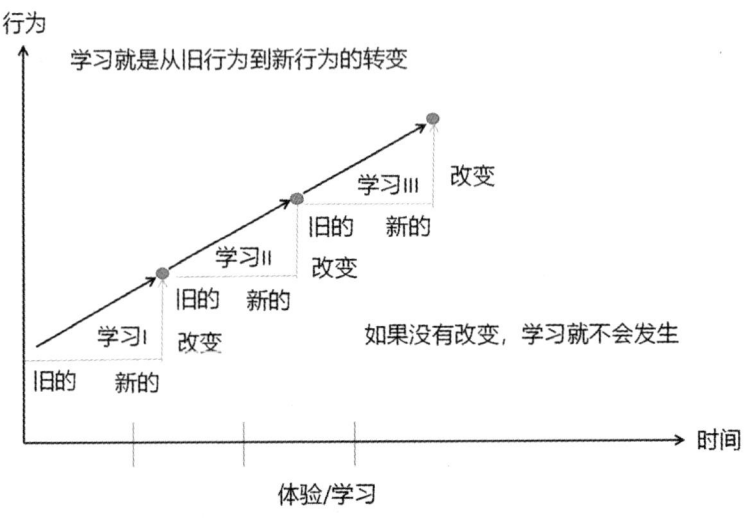

图1-10　学习=从旧行为到新行为的转变

设计思维要确保加速学习的速度等于或快于受14种全球化力量（多样化、基础设施、自由贸易协定、政府支持绿色环境、全球金融一体化、原油短缺、技术、便利性、速度、困境与悖论、用户化、最低成本、质量、风险）影响的全球商业环境的变化速度（Chan，2015a）。设计思维为全方位整合式思维提供了正确的方向。

❖ 系统（如何保证测量、检测和控制的有效性）

任何无法测量的东西都很难管理、控制和改进。图1-11展示了全方位整合式思维系统内的设计思维模型。

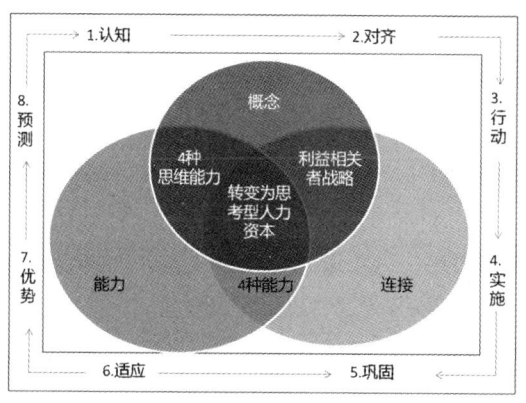

图 1-11　全方位整合式思维系统内的设计思维模型

全方位整合式思维的结果就是通过管理项目的复杂性、规模和文化多样性，借助于团队行动学习，从而进行加速学习以提高组织的执行能力。可以肯定的是，全方位整合式思维从培养个人能力开始，包括整合、实施、创新和持续改进的能力。这得益于作为有效同理心分析基础的整体思维、系统思维、批判性思维和横向思维，并将产生有效的规划、控制和决策。全方位整合式思维认为，需要发展和培养未来的劳动力，以留住人才或进行再培训，即培养能够理解战略、人员、流程和实体世界之间联系的思考型人才或全脑型管理者。

图 1-12 展示了全方位整合式思维的概念、能力和连接中所涉及的元素，以重新定义、重塑、更新、重新思考人力资本的独特性，如已故史蒂夫·乔布斯（2011）所说的"以不同方式思考"的能力。

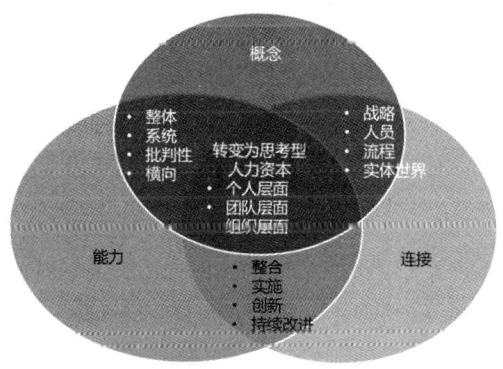

图 1-12　全方位整合式思维的概念、能力、连接中所涉及的元素

作者认为，在设计思维人力资本中调用全脑的力量是非常有必要的，原因如下：

- 义务教育教会我们如何更好地思考。
- 高等教育教会我们如何更深入地思考。
- 研究生教育教会我们如何重新思考。
- 真实的商业世界教会我们如何更快、更好、更智能地思考—不思考—重新思考，最终在追求可持续的过程中变得更加明智。

## 设计思维的一种工具——九宫格解决方案

九宫格解决方案可作为设计思维的工具，以检验纵向、横向和对角的逻辑思维过程。

❖ 纵向检验

纵向检验，就是审查全方位整合式思维的目标战略是否具有连贯性，即有效的同理心分析需要与有效的规划、有效的控制以及有效的决策协同作用。全方位整合式思维应该确保同时具有以下三种思维能力：

- 整体思维，用以培养整合能力。
- 系统思维，用以培养实施能力。
- 批判性思维，用以培养创新能力。

这些思维能力都建立在横向思维的基础上，用以消除偏见，激发持续改进的动力和持久性。

企业必须为员工提供正确的支持或资源，这些支持或资源应该应用于正确的组织结构中，以获得可持续的竞争优势。当关键利益相关者包括项目发起人、项目经理和核心团队成员时，就应该提供正确的支持或资源以获得竞争优势。其他关键利益相关者包括投资者、股东、客户、监管者、主要供应商等。

利益相关者是任何能够影响项目成败的人。因此，人员（流程负责人）和所提供的支持（资源配置优化）需要保持连贯性。应该确保聘请"对的人员"（执行纪律）使用"对的流程"（执行能力）。此外，这些人需要利用"对的实体世界"（执行效率）并被整合到"对的组织结构"中（项目化的组织结构），以培养"思考型人力资本"，或者具有正确学习态度的全脑型管理者——通过团队行动学习来学习—遗忘—再学习。这将带来更快、更好、更智能的世界一流成果。这些都是推动组织进行加速学习的最终好处。

纵向检验的最后一个关系测试是流程、进度和系统的连贯性。8As流程有助于将沟通失误的风险降至最低。改变一个组织的文化需要时间，这是毫无疑问的。变革可能会导致消极利益相关者的抵制。因此，当务之急是制定出一种注重利益相关者关系与价值、以用户为中心的战略，并将这种战略应用于设计思维变革管理的过渡时期。此外，招募更多的变革推动者来实施变革将有助于加快速度。

根据Chandler（1962）的观点，组织结构是为适应战略而设计的。因此，项目化的组织结构是一种现代化的方法，当它与快速进行新产品和新市场开发的矩阵式组织结构相结合时，就可以实现卓越的业务绩效。

设计思维工具体系为全方位整合式思维设定了正确的方向，这在九宫格解决方案中有所体现，如图1-13所示，其中突出展示了在真实世界中全方位整合式思维的九宫格解决方案所包含的所有元素。

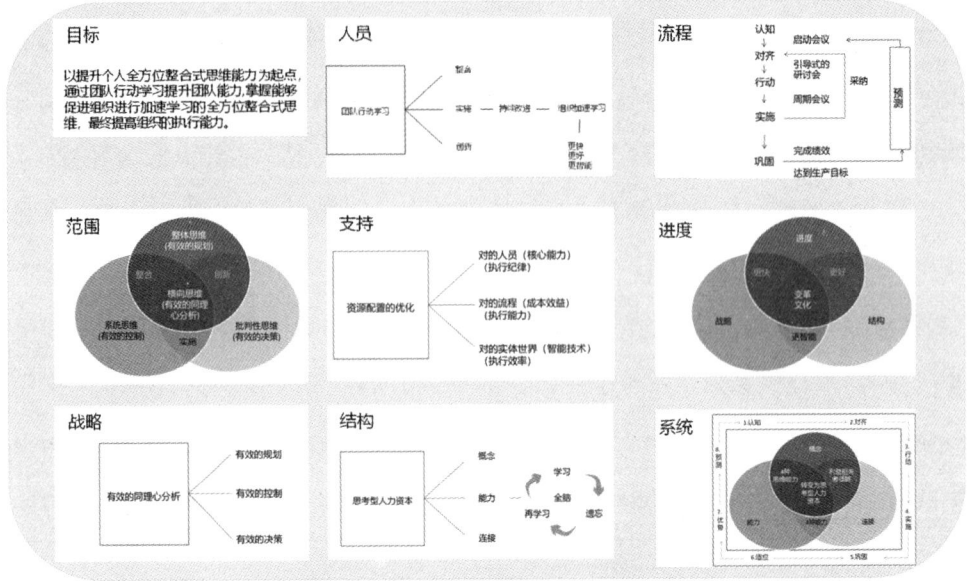

图 1-13　全方位整合式思维的九宫格解决方案

❖ 横向检验

在全方位整合式思维的横向逻辑思维中,目标取决于对其成功进行整合—实施—创新—持续改进流程负责的人(利益相关者)。8As流程将最小化风险,并有助于消除变革的阻力和障碍,使从传统思维到全方位整合式思维的转变能够更加顺利地进行下去。

全方位整合式思维关注整体思维、系统思维和批判性思维,然后通过横向思维进行持续改进。支持资源配置的优化源于具有不同核心能力的人(遵守执行纪律的人员),实现成本效益的流程(由有执行能力的人实施),以及利用具有竞争力的技术作为一种实体世界来提高执行效率。

如果正确且清晰的战略能够得到更好的执行,组织变革的速度将会加快(减少因为消极的利益相关者的反对而进行的撤销—重做战略的可能性)。战略的执行依赖项目化的组织结构,由首席执行官直接负责,并由首席执行官与项目团队一起推动整个项目。项目化的组织结构是一种更具有优势的敏捷型组织结构，能够加快开发新产品和进入新市场的速度。基于此，组织文化的变革是可行的。

有效的同理心分析战略要与有效的规划、控制和决策产生协同作用，这就需要明确定义什么是加速行动学习的全方位整合式思维概念，如图1-14所示——由Chan（2015b）开发。

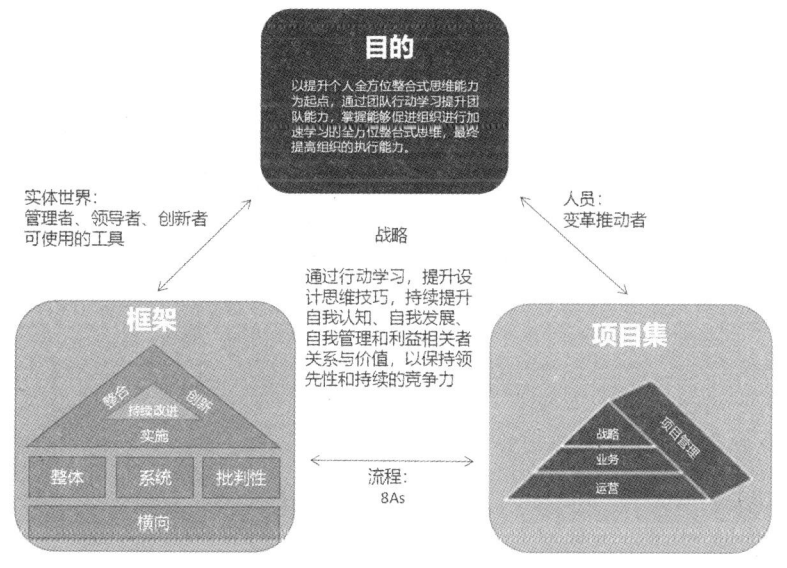

图 1-14　全方位整合式思维基于项目的加速行动学习©的概念图

全方位整合式思维的竞争力在于整合—实施—创新—持续改进的能力。正确管理主要利益相关者之间的关系与价值对每个人的成功都至关重要。建立融洽的关系、培养出色的沟通技巧和管理利益相关者的关系与价值促使我们进行终身学习。这意味着我们要通过不断的学习—遗忘—再学习来保持领先性并获得可持续的竞争力，从而成为一名全脑型管理者。全方位整合式思维体系中的设计思维被视为一个范例，该范例提供了一个图示，以表明对设计思维流程（8As）、人员（团队行动学习）和实体世界（韦恩图是另一个原始的设计思维工具，展示了目的、框架和项目集之间的交互关系）的动态元素的洞察。

❖ 对角检验

设计思维的最后一个严峻考验是检验对角线上的逻辑关系的合理性。战略需要来自管理层和具有执行能力的人的支持或提供的资源，并且需要根据一定的执行纪律来实施。不考虑人为因素，项目管理过程包括以下5个阶段：

- 启动项目。
- 计划项目。
- 由流程负责人执行项目。
- 根据关键绩效指标（成本、时间进度、质量）对项目进行监控和控制。
- 一旦客户和项目发起人签字同意并接受该项目，就结束该项目。

全方位整合式思维体系中的设计思维通过组织一次启动会议来聚焦人员这个因素，从而在启动项目时使人产生认知，其结果是"我知道"。

下一步是用引导式的"对齐拉通工作坊"来替代传统项目团队成员在规定工作场所的正式计划。在对齐过程中，所有关键利益相关者聚集在一起，以确保与流程负责人的观点保持一致，其成果是形成"我们理解"。

要采取行动，即让对的人员执行对的流程。计划必须严格制订，以确保每个项目团队成员都能执行，从而采取"我们可以"做到的行动。

为了鼓励实施，有必要在项目的不同阶段给予激励和奖励，以保持"全力支持"或热情，其结果是"我们想要"做得更好。

在项目接近尾声时，利益相关者或客户希望在项目完成前后获得保证，如售后服务和服务周转时间。为了加强保证，项目团队成员需要一个用于计划维护的额外计划，以吸引客户重复订购并留住客户。通过继续与执行我们项目的公司开展业务合作，我们取得了"卓越"的成果。

当项目完成时就是竞争对手的切入点。全方位整合式思维体系中以用户为中心的设计思维告诉我们要继续执行另外三个不同寻常的步骤。

- 由于技术的出现，接受改变以满足利益相关者的期望，其结果是"我们随着时间而改变"——客户将真正满足于这种体验。
- 根据其他项目的经验教训，在项目过程中不断改进，以增强优势，其结果是"我们尽可能改进"——没有最好的方法，但总有更好的方法。
- 在前七个流程中，必须考虑到对风险的预测，因为风险始终存在。当事情发生时，我们必须有一个风险应急方案，其结果是"我们检查，再检查，多次检查"。

以用户为中心的设计思维战略是全方位整合式思维体系中的一个流程驱动、人员驱动、实体世界驱动的闭环系统，它没有自满或假设的余地。

# 结　语

整体思维、系统思维和批判性思维是人们每天都在使用的思维能力，但由于每个人的视角和解释不同，其含义也会变得不同。从设计思维的角度来看：

**整体思维**：从技术制图的角度来看，整体思维包括X、Y、Z和C轴，如图1-15所示。四个不同专业背景的管理者可能对分析同一问题有不同的观点，但每个人的假设都是"正确的"，如图1-16所示。因此，我们需要明确定义整体思维在管理、领导和创新中的确切含义。

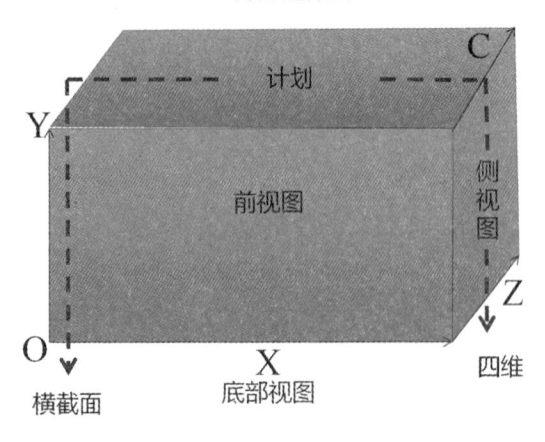

图 1-15  整体思维的四个维度

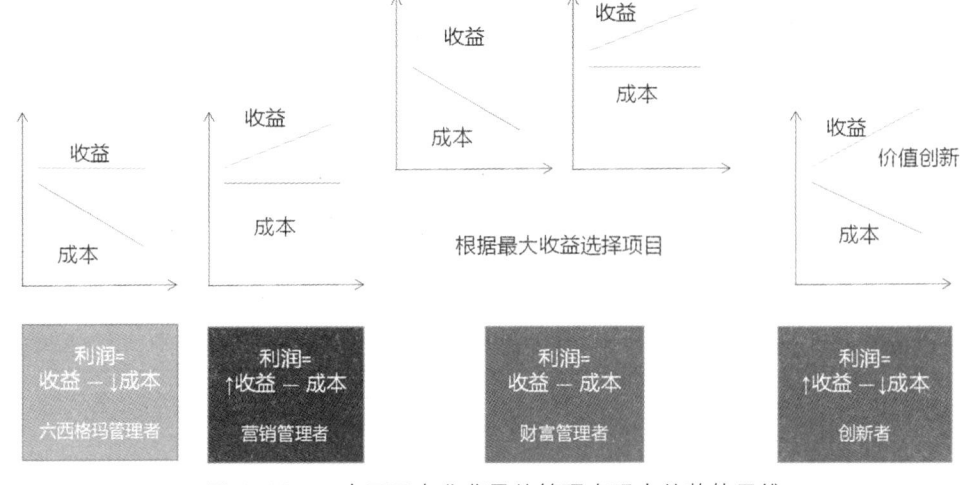

图 1-16  四个不同专业背景的管理者眼中的整体思维

**系统思维**：系统思维有两种基本类型——开环系统和闭环系统，系统思维的闭环系统如图1-17所示。除了承认类型非常复杂之外，关于系统思维几乎没能形成其他的共识，而且对系统复杂性的共识并没有产生什么实际价值。正如列奥纳多·达·芬奇所言，"简单是终极的复杂"。系统思维的愿景、目标和目的是将复杂的想法转化为简单的解决方案。设计思维鼓励闭环系统，熟练掌握反馈和控制机制，实时监控关键绩效指标的实际目标与计划目标。

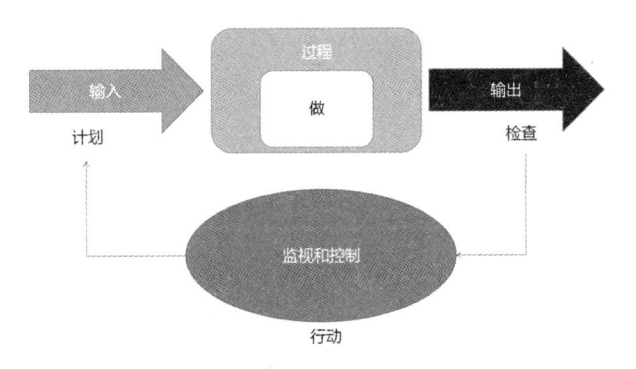

图 1-17　系统思维的闭环系统

图1-18表达了与全方位整合式思维和设计思维结合的S-I-O-M模型（战略—实施—落地—度量）。

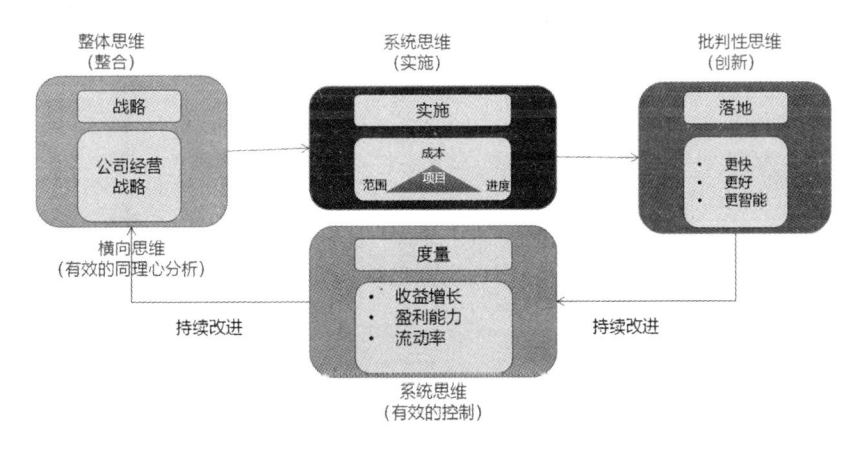

图 1-18　S-I-O-M 模型

**批判性思维**：批判性思维最常见的形式是5W和2H，如图1-19所示。

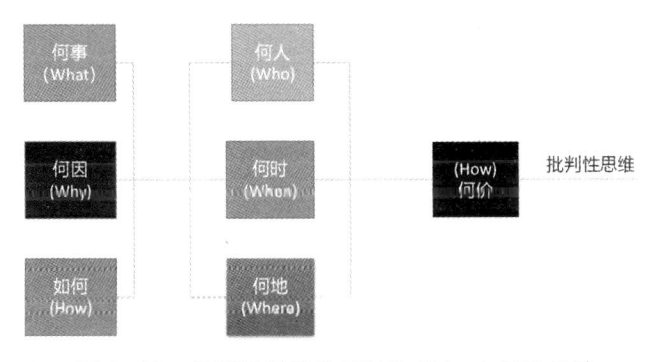

图 1-19　批判性思维的 5W 和 2H，七何分析法

批判性思维要求及时反应。例如，一名乘客在机场办理登机手续时发现自己经济舱座位的安排出现了错误，票务人员可以立即将他的座位升级到商务舱，以避免混乱。2009年发生过一个极端的例子，一群大雁撞上了飞机引擎，这发生在一个建筑密集的地区，飞行员决定将着陆地点定于哈德逊河，他认为这是最安全的着陆点。结果是飞机损毁了，但所有的乘客都安然无恙。进行批判性思维教学是困难的，但是利用团队行动学习从经验中培养批判性思维技能相对比较容易，即边做边学。

现代化的设计思维最终会以可承受的成本创造敏捷的人工智能。我们生活在由技术驱动的工业4.0—5.0时代。

**横向思维**：有效的同理心分析来自"从六种角度，设身处地地为利益相关者着想"，以降低无法满足他们的期望/要求的不当风险，从而持续保持利益相关者较好的体验，如图1-20和表1-1所示。

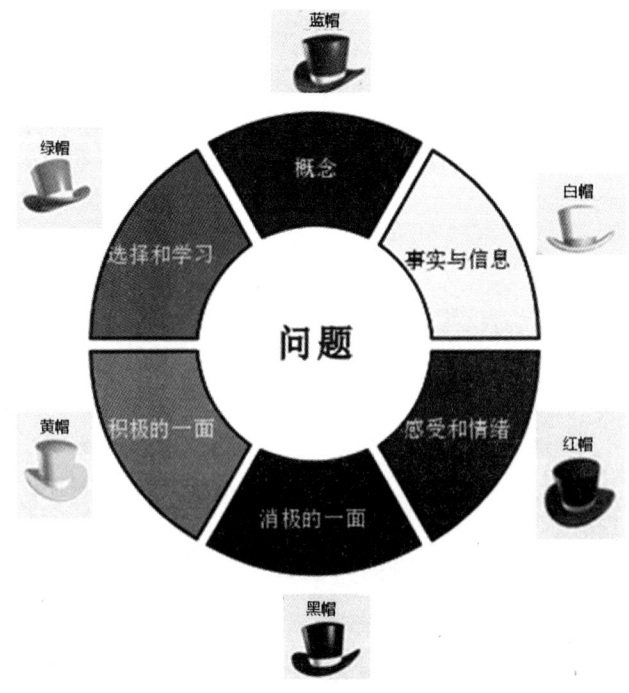

图 1-20 拥有有效的同理心分析的横向思维的六项思考帽

表1-1　六项思考帽的特征及典型

| 类　　型 | 特　　征 | 典　　型 |
|---|---|---|
| 白帽<br>信息驱动 | 重点是对可用的信息和确定的事实进行分析 | 典型的职业有律师、工程师、会计师 |
| 红帽<br>热情驱动 | 具有情绪智力的人；他们运用自己的直觉、感觉（喜欢或不喜欢）、情绪（爱或恨）来表达自己，而不觉得需要辩解、害怕被嘲笑或受到惩罚 | 通常是那些对想法、解决方案、风险进行头脑风暴的领导者，他们能够识别积极和消极情况 |
| 黑帽<br>保守和谨慎驱动 | 关注负面风险或威胁，找出可能出错的地方；遇到困难和危险，确定事情可行和不可行的限制 | 典型的有悲观主义者、抗拒变革的人或者消极的利益相关者。在某些情况下，他们是务实和现实的人 |
| 黄帽<br>机会驱动 | 关注积极的一面；即使在不利的情况下也寻找能获得的价值和利益 | 典型的有乐观主义者、销售人员、营销和业务主管、企业家和创新者 |
| 绿帽<br>创造力和创新驱动 | 在当前视野、未来能力、技术、教育和学习、物联网之外的新想法、新概念、新替代方案和可能性的激励下不断努力并蓬勃发展 | 典型的有天才创新者、顾问、设计师、歌曲或书籍作者、发明先驱、诺贝尔奖获得者，以及任何能跳出框架思考的人 |
| 蓝帽<br>概念、大局观和愿景驱动 | 重点是管理实现特定目标和目的的思维过程；监控其他五项思考帽的结果，使其专注于特定的主题，遵循指导方针、公司政策和程序。蓝帽根植于深入分析。只有当事实、信息、理论、想法和概念能够被整合以产生协同效应或"核聚变"时，思维过程才被认为是完整的和充分的。如果想法、理论、概念、战略不能实践，那么它所创造或贡献的商业价值就是微不足道的 | 典型的有高级管理人员、质量保证经理、主席、项目经理 |

20世纪60年代，新设计方法的起源可以追溯到新的"科学"方法在第二次世界大战上的应用（由此产生了运筹学方法和管理决策技术）以及20世纪50年代创造性技术的发展。

用于解决问题的计算机程序最初被称为软系统方法。20世纪60年代设想了通过使用计算机软系统方法来"科学化"设计的方式，第一本关于创造力方法论的书籍出版了。20世纪70年代见证了许多人对设计方法论的抵触，包括一些先驱。可视化思维的经验，即作为迭代过程的"表达、测试、循环"构成了设计过程的主干。

在20世纪80年代，系统工程设计方法得到了发展，特别是在德国和日本。彼时成立了国际工程设计会议，"设计方法小组"和"环境设计研究协会会议"的出版物从此进入学术界。20世纪80年代末，美国国家科学基金会在设计理论和方法论方面的倡议促进了工程设计方法的迅速发展。美国机械工程师学会举办了一系列关于设计理论和方法论的会议。六西格玛的企业管理战略作为一种简化质量管理和利润设计过程的方法出现，组织学习和创建灵活组织的想法也在这个时期产生了。

20世纪90年代，IDEO是第一批展示其设计过程的设计公司之一，该过程大量借鉴了斯坦福大学的课程内容。他们将三家工业设计公司合并为一家，整合成一个设计体系以推进设计思维走向未来。与此同时，伊利诺伊理工大学设计学院设立了美国第一个设计学博士专业。教育是最有效的社会资本之一，它能够培养沟通能力，是一种能够说服和改变人们思考、接受和尝试新思想、新概念、新方法的方式。

21世纪初，随着设计思维这一术语在商业领域的普及，人们对这一术语的兴趣显著增加。相关商业书籍大多以如何创造一个以设计为中心的工作场所，如何让创新能够蓬勃发展为主题。设计思维从产品领域转向商业领域引发了一场关于如何使用设计思维的讨论。值得注意的是，德国创建了一个设计思维计划。麻省理工学院和谷歌已经将这一概念应用到了其他领域，如物联网。谷歌的主要业务包括推出安卓，即微软、诺基亚及其他公司所采用的操作系统，开发Facebook上的Open Social（一个社交网站开放式平台）。谷歌网络正在走向全球，如地图上有其发布的街景视图。

此外，伊利诺伊理工大学设计学院推出了设计训练营，这是一个高管培养方案，为各行业的创新实践提供框架和工具。

在以智能技术为驱动力的工业4.0—5.0时代中，设计思维所影响的每一个领域的标志性事物、事件、行动、思想都是相互联系、相互渗透的，并对创新的结果产生一定的具有商业价值的影响。设计思维有助于企业开发新市场，确定新战略。

设计思维从包含"对的流程"的条理清晰的战略发展而来，利用"对的实体世界"的"对的人员"执行，比竞争对手更快、更好、更智能地执行任务。

能够发挥全脑能力的，与全方位整合式思维相结合的设计思维包括整体思维（右脑）和系统思维（左脑），左脑和右脑的融合使用会带来熟练的批判性思维。

为了实现全方位整合式设计思维，就需要运用横向思维，从六种不同的角度分析同一个问题或机会。

这是21世纪20年代以后的人力资本的未来。"唯有全方位整合式主义才能生存"不再是一个选项，而是设计思维能力的一项标准。

# 第二章 对齐：为什么设计思维是一项关键任务

设计思维的主要原则是与你试图为之设计的人感同身受。领导力也一样，为你需要帮助的人建立同理心。

——IDEO创始人 大卫·凯利

# 导　语

要理解为什么设计思维如此重要，有必要了解设计思维的发展史，如图2-1所示。

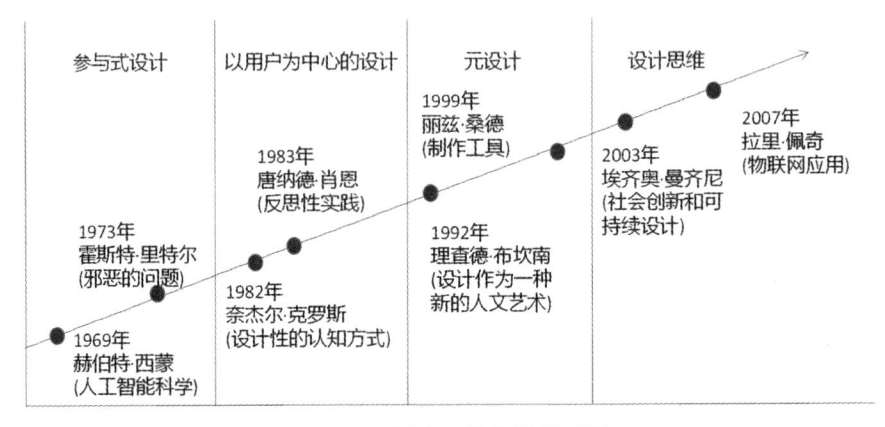

图 2-1　设计思维的发展历程

1969年，赫伯特·西蒙将设计思维概念化为人工智能科学，它的应用在当时并不突出和普及。直到2007年，谷歌才率先发展设计思维，并将其应用于物联网。类似地，其他研究人员也在一定程度上促进了设计思维的发展。

从发展历程来看，设计思维可以分为四个主要的发展阶段，即参与式设计、以用户为中心的设计、元设计和设计思维。具体应用如下：

- **参与式设计**——将最终用户整合到项目的开发（原型）阶段（用户测试）。
- **以用户为中心的设计**——关注用户体验和需求，将其作为开发的基础。
- **元设计**——关注开源社区的协作者和用户，以实现可持续发展。
- **设计思维**——通过使用具有同理心、协作意愿和多学科融合的社会系统，增强社区能力。

# 设计思维的目的

设计思维的愿景（Goal）、目的（Objective）和目标（Target）可以总结为一个GOT图，如图2-2所示。

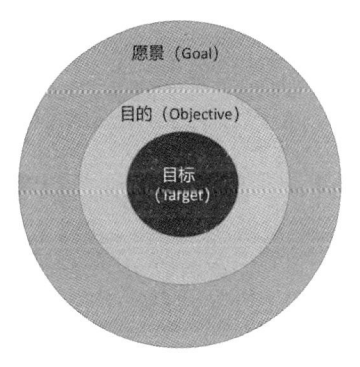

图 2-2　GOT 图

**愿景**：通过整合右脑整体思维和左脑系统思维来解决生活中各方面的复杂问题。

**目的**：设计可以反映三个方面（技术可行性、经济可行性和用户的愿望）的创新且可行的产品、服务或体验。

**目标**：具有多学科背景的、有决策能力的团队的协作互动，并为协作互动提供灵活的工作空间。

设计思维的主要目的是通过设计满足以下标准的产品、服务或体验，在灵活的工作环境中进行团队内的协作互动。

- 可行性（技术）
- 生存力（商业）
- 吸引力（用户驱动）

设计思维运用整体思维和系统思维来实现卓越的价值创新和绩效增值。因此，设计思维最终必须发展成为一种组织的高绩效文化，通过比竞争对手更快、更好、更智能的思考来实现加速学习，因为在竞争中时间是一切的前提。阿尔伯特·爱因斯坦曾指出，"时间是最易损耗的资源"，而且是不可回收的。时间就是金钱！

图2-3展示了设计思维交互关系的韦恩图。

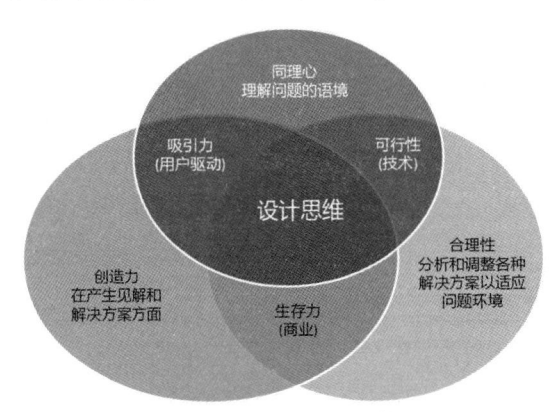

图 2-3　设计思维交互关系的韦恩图

# 设计思维的基本应用

设计思维的基本应用包括五个过程，如图2-4所示：

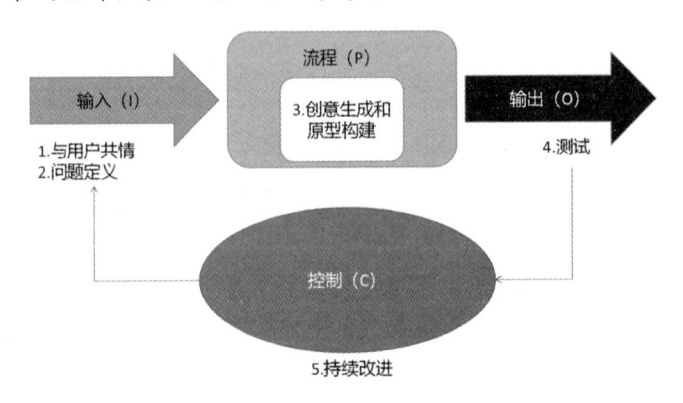

图 2-4　设计思维的 I-P-O-C 模型

- 与用户共情——倾听客户的反馈，感知他们的感受，并致力于从他们的角度制定解决方案。
- 问题定义——定义或陈述用户真正面临的问题，对需要解决的问题有一个明确的方向。
- 创意生成和原型构建——产生可实施的创意，并制作待测试的原型。
- 测试——测试原型，检查产生的创意是否可行。
- 持续改进——竞争对手从不休息。因此，实施精益六西格玛以实现产品零缺陷、服务和解决方案零投诉，实施看板库存系统以实现零库存，实现最低成本、最佳绩效和最佳解决方案将是一种非常好的做法。

为了保持领先性和竞争力，应该避免自满——记住从诺基亚、黑莓、摩托罗拉等公司吸取的惨痛教训。设计思维使我们不断地接受挑战，通过探索新的价值创造方式来提供更好的产品、服务和解决方案。Kim & Mauborgne（2017）将其定义为"蓝海转移"战略，即：

- 消除那些行业认为应该消除的元素。
- 减少那些应该降低到行业标准以下的元素。
- 创造那些行业从未拥有但应该拥有的元素。
- 提高那些应该远远高于行业标准的元素。

归根结底，设计思维是与全方位整合式思维相结合的，是系统思维的一部分，可以使用I-P-O-C模型进行可视化。

输入（I）—流程（P）—输出（O）—控制（C）

设计思维将遵循以下步骤：

- 与用户共情来定义问题并使其成为输入。

- 创意生成和原型构建是设计思维的流程。
- 对输出进行测试。
- 设计思维的流程必须是闭环的,以便根据设定的目标对关键绩效指标进行高效监控。

作为创新的成果,**所有的改进必须在成本、质量、速度、交付保证的可靠性和灵活性方面是可衡量的**——这是利益相关者关系与价值管理和以用户为中心的设计思维战略的制胜因素,从而使供应链中的每个人都是赢家。

# 设计思维与全方位整合式思维之家

图2-5展示了产生影响的设计思维和用于加速行动学习的全方位整合式思维之家。设计思维作为一种整合了系统思维的战略,为整体思维设定了方向。此外,设计思维还通过提供批判性思维工具而作为一种流程融入批判性思维。

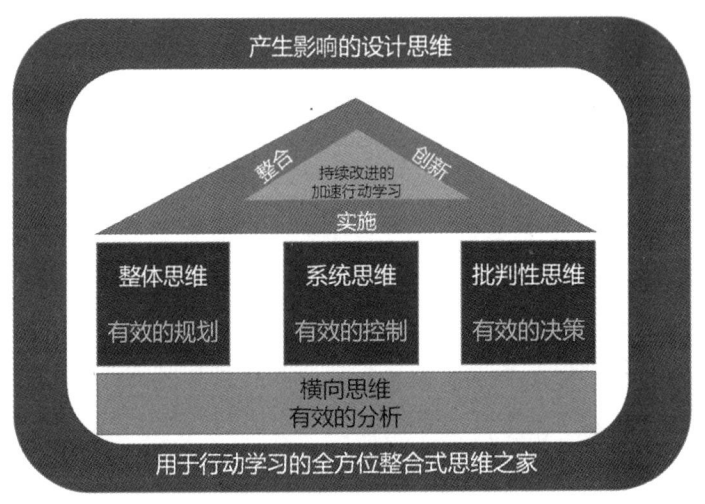

图 2-5　设计思维与全方位整合式思维之家

设计思考者通过从六个不同的角度让关键利益相关者参与来避免自满——横向思维。组织通过培养和提高员工的核心能力来进行持续改进以获得竞争力。

- 独特的（差异化因素）
- 可扩展的（多任务）
- 难以模仿的（高绩效文化的倍增效应）

四种思维能力的协同作用可以产生全方位整合式思维，全方位整合式思维作为基于项目的加速行动学习©的结果将会推动加速学习。简而言之，全方位整合式思维有助于加速学习，而设计思维与全方位整合式思维结合将有助于提升这种效果。

设计思维和全方位整合式思维之家由地基、三根柱子和一个屋顶组成。横向思维是使用六项思考帽进行有效分析的基础（见第一章表1-1），De Bono（2015）是横向思维自20世纪70年代创立以来的先驱。

白帽是信息驱动的，专注于收集可用的信息和事实以进行分析——典型的职业有律师、工程师、会计师。

红帽是热情驱动的，情商高或不高，是使用直觉、感觉（喜欢或不喜欢）、情绪（爱或恨）来表达自己而不担心被嘲笑或惩罚的人——通常是那些对想法、解决方案、风险进行头脑风暴的领导者，他们能够识别积极和消极情况。

黑帽是保守和谨慎驱动的，关注负面风险或威胁，找出事情可能出错的地方，遇到的困难和危险，确定事情可行和不可行的限制——典型的有悲观主义者，抵制变革的人或消极的利益相关者。在某些情况下，他们是务实和现实的人。

黄帽是机会驱动的，关注积极的一面，即使在不利的情况下也寻找能获得的价值和利益——通常是乐观主义者、销售人员、营销和业务主管、企业家和创新者的典型特征。

绿帽是创造力和创新驱动的，在当前视野、未来能力、技术、教育和学习、物联网之外的新想法、新概念、新替代方案和可能性的激励下努力并蓬勃发展——典型的有天才创新者、顾问、设计师、歌曲或书籍作者、发明先驱、诺贝尔奖获得者，以及任何跳出框架思考的人。

蓝帽是概念、大局观和愿景驱动的，专注于管理实现特定目标和目的的思维过程，监控其他五项思考帽的结果，使其专注于特定的主题，遵循指导方针、公司政策和程序——典型的有高级管理人员、质量保证经理、主席、项目经理。

从深入分析中产生的设计思维流程是不完整和不充分的，除非事实、信息、理论、想法和概念能够被整合以产生协同效应或"核聚变"。如果这些理论、想法、概念、战略不能得到实施，则其对创造商业附加价值的贡献将是微不足道的。为了实现可持续的行动优势，发展未来竞争力的"4I"能力是至关重要的：整合（Integrate）、实施（Implement）、创新（Innovate）、改进（Improve）。因为唯一不变的是变化，所以通过基于项目的加速行动学习©来持续改进是非常重要的。行动学习是将旧的行为转变为新的改进后的行为，如第一章图1-10所示。

以下是行动学习的公式：

行动学习=结构化知识+质疑+执行+反思

（何事）+（何因）+（何人、如何、何价）+（何地、何时）

行动学习是项目驱动的、采用批判性思维工具解决问题的方法，即5W和2H（见第一章图1-19）。我们需要学习什么？我们为什么必须学习？谁来执行？如何执行？做这件事需要多少钱？在执行过程中，哪里是正确的，哪里是错误的？何时执行？

行动学习的结果是通过团队合作增强团队精神，提高管理能力，培养领导素质，培养创新者的创造力和创新能力，从而实现加速学习。行动学习的创始人是雷格·瑞文斯（1976），他曾是剑桥大学的教授，也是曼彻斯特大学的第一位工业管理教授（1955—1965）。

行动学习的有效性如图2-6所示。很明显，行动学习（边做边学）的效率大概是75%。因此，在正常情况下，有必要通过一对一的教学辅导来改善和提

高学习过程中的效率（加速学习）。

| 学习方式 | 效率 |
|---|---|
| 一对一教学 | 90% |
| 边做边学 | 75% |
| 讨论组 | 50% |
| 示例 | 30% |
| 声音的/视觉的 | 20% |
| 阅读 | 10% |
| 演讲 | 5% |

行动学习通过运用全方位整合式思维能力最终实现加速学习

来源：国家培训实验室

图 2-6　行动学习的有效性

融于全方位整合式思维的设计思维始于自我认知（我的优势和劣势是什么，以及如何发挥我的长处并克服我的短处）。我们无法克服所有内在的缺点，但是可以通过四种思维能力来实现自我发展——横向思维、整体思维、系统思维和批判性思维。我们需要将这些思维与成功进行自我管理的意志力结合起来，也就意味着需要培养全方位整合式思维能力，即养成持续改进的习惯。

能力与技能的区别如下：

能力＝知识×技能×态度

然而，在当今时代，它将演变成：

能力＝知识×技能×态度×行动×责任

有效进行利益相关者关系与价值管理的能力是实现卓越绩效的通行证，没有人能像孤岛一样生存。我们不但要为所有的关键利益相关者创造双赢局面，还要保持组织的竞争地位。那些忽视这种关系与价值管理的人将无法真正掌握设计思维的概念（同理心、定义、创意生成和原型测试、评估和改进），无法获得基于项目的加速行动学习©能力（整合、实施、创新、持续改进），并且无法更好地应对由物联网驱动的VUCA商业经济。

如果没有全脑学习（有认知的、有理性的，左脑用于系统思维，右脑用于整体思维）来辅助批判性思维，加速学习就不会完全被优化。加速学习还包括以下八种特点：

- 语言的
- 精确的/逻辑的
- 可视的/有空间限制的
- 音乐的
- 身体的/物质的
- 人际的
- 内省的或反思的
- 自然而然的

**本书关注的是加速学习的应用，而不是理论。** 如果没有行动学习，即边做边学来弥合知（理论）与行（实践）之间的差距，加速学习的效果将会大打折扣。因此，大约将会有90%的知识很难保留下来。行动学习的当代方法是将项目作为跨职能部门、拥有不同文化背景、不同专业学科、不同组织经验的团队成员之间进行学习的催化剂。由于团队的多样性，需要一名行动学习教练来促进每个团队成员的发展，只有这样，加速学习才能成为现实。

本书中使用的加速学习的定义是：

"加速学习是行动学习的结果，使用一套计划和项目作为催化剂，由行动学习教练推进，使用四种思维方式的工具和技能——在自我认知中进行有效分析的横向思维；在清晰地制订自我发展计划的过程中进行的整体思维；在自我管理中进行有效控制的系统思维；以及在利益相关者关系与价值管理中进行有效决策的批判性思维。"

加速学习最终将推动全脑学习，也就意味着不断地从旧习惯转变为持续改进的新习惯。

要获得最大的执行优势，拥有多种能力是必不可少的——通过整合想法、概念和战略以实现协同增效，通过项目执行战略以及在不同程度的复杂性和逆境下寻找扭转危机的解决方案的能力，通过将复杂且昂贵的产品/服务转变为简单和实惠的产品/服务，能够进行颠覆性创新，以获得可持续的竞争优势，这一点是至关重要的。加速学习的关键衡量指标是比其他竞争对手更快、更好、更智能。

无论我们做什么，都要了解这样一句常识性的格言——"你只能在可衡量的基础上进行管理和改进"。这启发我们必须从定性分析转向定量分析，以确定问题的全貌并明确问题产生的根源。

这就是设计思维的力量，它可以为全方位整合式思维设定方向，实现加速学习。因此，不再会有"生存还是毁灭"的选项，选择只有一个——"要么做，要么亡！"

## 计划和项目组合

图2-7展示了三个管理层次——战略（组合）、业务（项目集）和运营（项目）。

在战略层面，公司决策主要关注投资和股东价值，输出公司战略。公司战略将转化为每个战略业务单元的业务战略。由于文化上的相近性，战略业务单元将世界划分为三个模块——美洲、欧洲和亚洲。为了更好地协调、监测和控制每个地区的资源和文化相似性，通常的做法是使用项目集管理办公室。

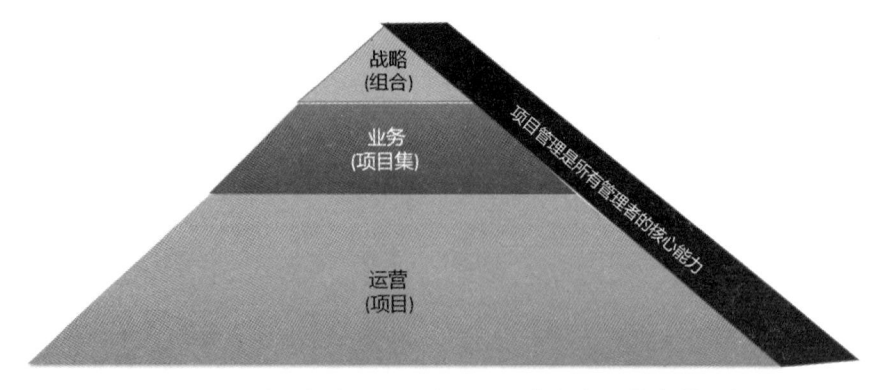

图 2-7　战略（组合）、业务（项目集）和运营（项目）

在运营层面，公司主要目标是在项目管理办公室的帮助下，实现资源（人力、资金、机器、材料、方法和时间）的最大利用和优化，以实现最低成本、最佳绩效和最佳解决方案。在上述基础上，公司成立了项目组合管理办公室，负责将公司战略转化为计划和项目组合。战略目标必须与业务目标保持一致，运营目标必须与战略和业务目标保持一致。

可以肯定的是，公司所有三个层次的管理都必须在项目管理最佳实践的基础上，通过将战略（战略、业务和运营）转化为项目来实现协作执行。

在一些世界级的公司中，他们同时拥有以上三种类型的组织结构，即在公司总部负责股东价值和投资的项目组合管理办公室，以及负责地区业务的项目管理办公室，以确保最大限度地利用资源，并依据预算、时间和质量执行项目。当所有三个层次的管理在整个组织中产生认知、确保对齐、实施行动、鼓励实施、执行巩固、增强适应、拥抱优势和加强预测时，设计思维将成为其最大的竞争优势。设计思维逐渐演化成为一种组织文化，即"我们的工作方式"。三心二意的信念将导致三心二意的保证，不会带来显著的绩效，100%执行的一般性战略比部分执行的优秀战略要好。流程负责人是成功的关键，作者为他们开发了设计思维的8As流程，将在下一节讨论。

# 设计思维是一个融入系统思维的过程

简而言之，设计思维有8个流程，即设计思维的8As，作为连接所有利益相关者以支持投资/计划/项目的沟通力量。它由8个以人为本的管理流程组成。

项目管理涉及5个过程，即启动—计划—执行—监控和控制—结束项目。这是一个由流程驱动的、缺少可以改变消极利益相关者态度的人为因素，因此最终对项目/变革管理计划的成功或失败有直接影响的是积极的利益相关者。

设计思维的8As流程是连接利益相关者的通用方法。整合到系统思维的设计思维的8As流程具体可以分为以下8个方面。

## ❖ 产生认知

这是设计思维的"我知道"或同理心阶段。每当一个计划推出时，我们需要确保利益相关者了解项目的愿景、目的和目标。如果任务不明确，这将导致怀疑和不信任，并将逐渐成为一个较大的问题，甚至可能在以后的阶段变得难以克服。明知山有虎，偏向虎山行，问答式启动会议将防止沟通失误，最大限度地减少误解。

为了让利益相关者参与进来，我们需要了解他们的需求、期望和文化敏感性。全方位整合式思维基于项目的加速行动学习©的概念图是用于整体思维的有效设计思维工具，它包含了执行项目和满足利益相关者期望和要求所需的商业概念、团队能力和供应商/承包商/零售商关系网络等基本要素。如果在启动会议上公开讨论，那么项目的目标和需求的内容、原因和方式更容易显现出来并得到实施。因此，一开始就需要正面迎接问题。

总之，要了解你自己，你的工作，以及你的利益相关者的期望和文化敏感性。

❖ 确保对齐

这是设计思维中的"我们理解"或定义阶段。关键利益相关者聚集在一起,计划如何确定流程负责人、预算、可交付成果、进度、关键绩效指标以及其他期望和要求。这不是作为一次正式会议进行的,而是作为一个解决问题和消除顾虑的引导式研讨会,在规划阶段强调与项目相关的风险和挑战是个好办法。引导式研讨会的目的是确保规划的清晰度。

所有的关键利益相关者都需要参与其中,最终的输出是一个综合性的整体计划。整合不同意见可以为消极的利益相关者说明项目的重要性和好处,从而使他们成为一个中立的利益相关者。引导式研讨会的一个好处是建立团队,如果团队成员来自不同的组织或国家,还可以体验文化差异。在研讨会结束时,每个人都应该对他们在确保项目成功过程中的角色、流程负责人、职责和责任具有一致的看法。

九宫格解决方案是一个用于有效协调的设计思维工具,它整合了九个重要元素,以实现计划的清晰性,通过纵向检验、横向检验和对角检验调整计划元素,以确保它们相互配合,协同工作。一个完整的计划是行动阶段的核心。

总而言之:

- 使利益相关者的需求和期望与项目目标保持一致。
- 明确范围、进度、成本和质量约束。

这使得从产生认知到确保对齐("我知道"到"我们理解")的转变变得容易接受。使用横向思维的同理心分析可以明确利益相关者的期望和流程负责人。

❖ 实施行动

这是设计思维的"我们可以"或构思阶段，这是管理和领导力发挥作用的过程，也是行动学习最活跃的阶段，因为在实施过程中需要不断地解决问题。研讨会用于识别和分析问题，并通过头脑风暴和横向思考产生替代的解决方案。仅仅为了交流信息的会议没有什么价值，因为信息也可以通过互联网传递。

在行动阶段，项目经理需要提高团队的信心和绩效。在这里可以使用80/20法则，项目经理应该专注于对绩效有80%贡献的20%的关键活动，而团队负责剩下的80%的活动，这些活动贡献了项目绩效的20%。团队会经历团队发展的五个阶段，即基于塔克曼的团队建设模型（1970）的形成—震荡—规范—执行—解散。

同样，项目经理可以采用五种方式参与到整个项目生命周期的过程中。它们分别是：推销，参与，委托，结束项目，然后开展新一轮的推销。塔克曼的团队建设模型如图2-8所示。

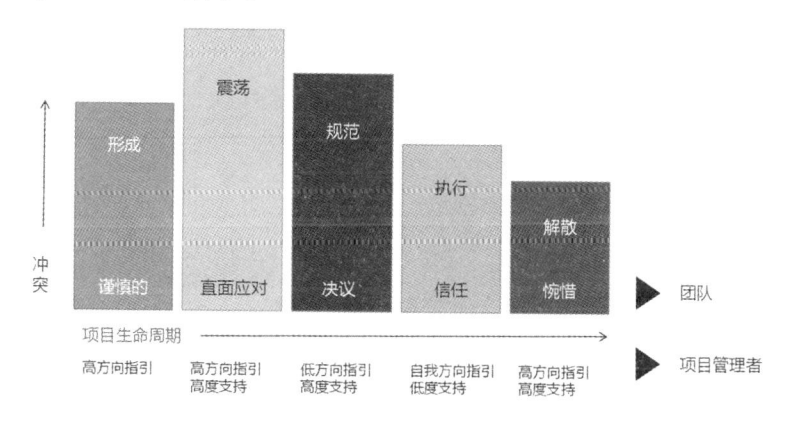

图 2-8 塔克曼的团队建设模型

要培养一个高绩效的团队，最关键的因素就是信任。项目管理的重要性不言而喻，大约90%的战略在实施过程中会经历失败，因此要确保项目管理能够

# 创新者的设计思维

正确实施。S-I-O-M模型是一种有效的系统性设计思维工具。

- 制定战略——为企业制定业务战略。
- 将业务战略转化为优先计划和项目组合。
- 优化运营以实现最低成本、最佳绩效和最佳解决方案,从而按时、按预算、按目标完成项目。

这仍然被认为是一个开环系统。为了实现一个闭环系统,企业的平衡计分卡必须衡量三个层面的关键指标,即战略层面的关键绩效指标、业务层面的关键绩效指标和运营层面的关键绩效指标。

可以根据以下四个关键指标衡量设计思维战略的实施成功与否。

- 由于较高的股息,可持续的财务绩效是否吸引了股东的持续投资。
- 客户满意度的转变与客户体验和客户期望的转变是否一致。
- 内部业务流程是否以竞争对手为基准进行了持续改进。
- 组织中的人是否得到了学习和成长。

图2-9展示了一个带有企业平衡计分卡的S-I-O-M闭环系统的例子。通过基于项目的加速行动学习©,超越利益相关者的期望并保持与利益相关者的良好关系,实现团队能力的持续提高。

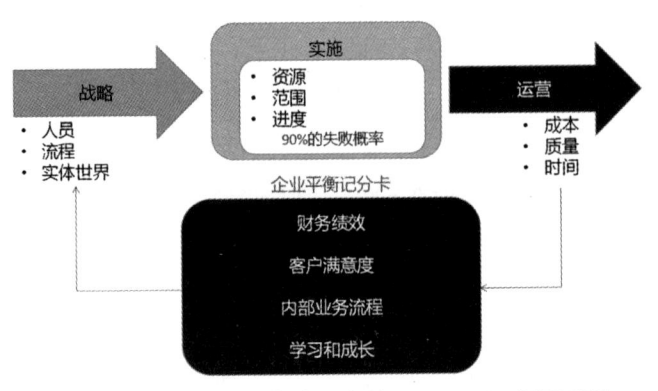

图 2-9 带有企业平衡计分卡的 S-I-O-M 闭环系统

### ❖ 鼓励实施

这是设计思维的"我们想要"或原型阶段。利益相关者的支持程度在项目开始时最低,在项目接近尾声时最高。为了鼓励利益相关者的持续支持,消除沟通障碍至关重要。"罗马不是一天建成的"和"入乡随俗"这两句谚语提醒我们,建立和谐和信任需要时间。

Covey(2008)在他的书 *The Speed of Trust* 中,确定了建立信任的组织行为的十三个特征,如图2-10所示。

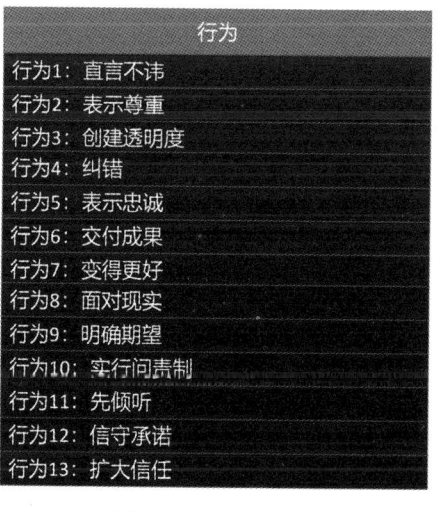

| 行为 | |
|---|---|
| 行为1: 直言不讳 | |
| 行为2: 表示尊重 | 基于品格的行为 |
| 行为3: 创建透明度 | |
| 行为4: 纠错 | |
| 行为5: 表示忠诚 | |
| 行为6: 交付成果 | |
| 行为7: 变得更好 | 基于能力的行为 |
| 行为8: 面对现实 | |
| 行为9: 明确期望 | |
| 行为10: 实行问责制 | |
| 行为11: 先倾听 | |
| 行为12: 信守承诺 | 基于角色及能力的行为 |
| 行为13: 扩大信任 | |

图 2-10　建立信任的组织行为的十三个特征

有效的设计思维结合了项目管理最佳实践的管理(流程驱动)和领导(人员驱动)方面,以提高绩效并使每个人受益。

### ❖ 执行巩固

这是"我们擅长"或设计思维的测试阶段,主要目标是向利益相关者保证,融入了全方位整合式思维的设计思维涵盖了对成功至关重要的每一个要素。要说服关键利益相关者投入资源，执行能力是最重要的因素之一，重点需要放在项目的范围/任务上，必须制定统一连贯的战略。战略、业务和运营层面必须保持协调一致，以实现目标。

❖ 增强适应

这是设计思维的"我们改变"或实施阶段。有效的横向设计思维工具最适合与Kotter & Cohen（2012）变革管理的八个步骤相结合，如图2-11和图2-12所示。

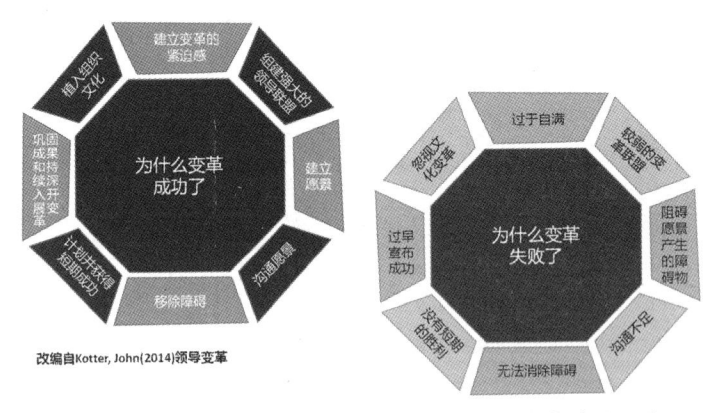

图 2-11 变革管理的八个步骤和影响变革成功或失败的八个原因

| Kotter的变革管理的八个步骤 | 全方位整合式思维的8As | 横向思维 |
| --- | --- | --- |
| 建立变革的紧迫感 | 产生认知 | 白帽：事实（专业能力） |
| 组建强大的领导联盟 | 确保对齐 | 红帽：情感的（耐力） |
| 建立愿景 | 鼓励实施 | 蓝帽：有远见的（沟通能力） |
| 沟通愿景 | 增强适应 | 蓝帽：全面性的（适应能力） |
| 移除障碍 | 实施行动 | 黄帽：乐观的（转换能力） |
| 计划并获得短期成功 | 执行巩固 | 绿帽：创新的（执行能力） |
| 巩固成果和持续深入开展变革 | 拥抱优势 | 绿帽：创造力的（加速学习能力） |
| 植入组织文化 | 加强预测 | 黑帽：悲观的（危机调整能力） |

图 2-12 Kotter 变革管理的八个步骤，横向思维强化全方位整合式思维的 8As 流程

总之，为了实现变革，组织必须招募和培养足够多的关键变革推动者，以促使消极、中立和积极的利益相关者接受变革。变革必须由领导变革的高级管理层领导（他们可以通过设计思维来改变管理者的思维模式）为全方位整合式思维设定正确的方向，为加速学习培养全脑型管理者，其主要目标是在管理、领导和创新方面建立和加大设计思维的人力资本。这将为组织带来一批有能力的管理者、敏捷的领导者和精明的创新者。

❖ 拥抱优势

这是"我们改进"或加强设计思维的阶段。全方位整合式思维的有效性在于其可以通过将知识转化为可持续竞争力，从而实现加速学习。个人能力仅限于提高组织的生产力，而项目可以培养团队精神，从而提高团队合作的能力。进行项目管理可以将生产率提高到前所未有的水平，但它本身不会带来竞争优势。为此，整个组织还需要培养一种高绩效的文化，这种文化能够提供最高的执行能力，竞争对手很难模仿。只有这样，组织才能超越竞争对手。

总之，个人能力有助于提高行动优势，团队能力有助于提高竞争优势，而组织文化有助于增强执行能力。

❖ 加强预测

这是设计思维的"我们检查"或评估阶段，包括在整个项目生命周期中的检测和控制风险。风险承担意味着组织必须承认风险始终存在，即使在完成并移交给运营/客户之后。我们不能想当然地认为利益相关者在做出保证、提升能力、从事高质量工作和做出高质量决策时的连贯性、对法规的遵从性、执行和控制的规范性等总是存在的。风险有不同的形式和大小，而且不可预测，因为风险是无法消除的。

总之，在风险应对计划的帮助下，公司必须对可控风险保持警惕。对于无法控制的风险，公司需要一种可变战略。全方位整合式思维强调通过8As来进行风险管理：认知、对齐、行动、实施、巩固、适应、优势和预测。

设计思维流程强调在所有阶段都要对风险进行预测：认知、对齐、行动、实施、巩固、适应、优势和预测。完整的设计思维和全方位整合式思维过程如图2-13所示。

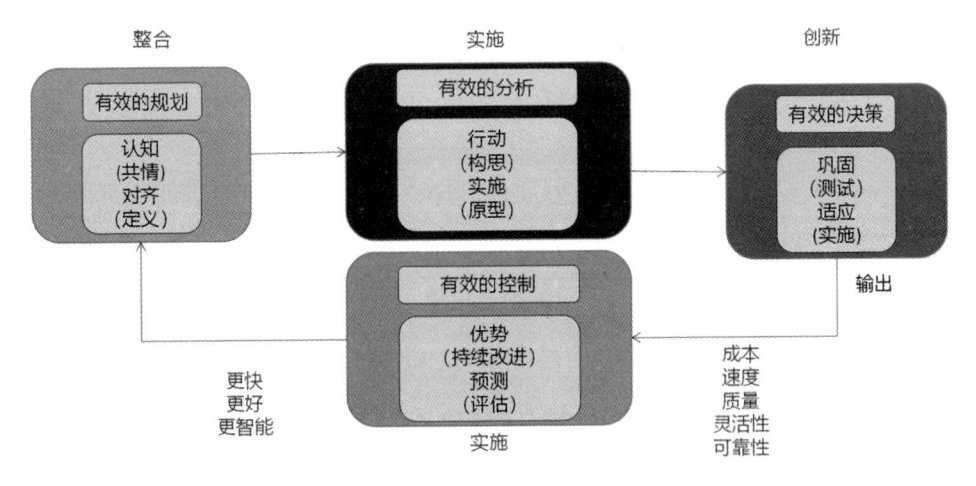

图 2-13　整合设计思维和全方位整合式思维的闭环系统图

# 结　语

设计思维是为了产生影响，全方位整合式思维是为了加速学习。

设计思维作为一种战略，为全方位整合式思维设定了正确的方向：设计思维可以增强组织中人的核心能力。为了保持领先性和竞争力，组织能力作为组织中人员的核心能力的总和，必须是独特的（全方位整合式思维），可扩展的（多学科），难以模仿的（基于项目的加速行动学习©）。全方位整合式思维的设计思维图示分析如图2-14所示。

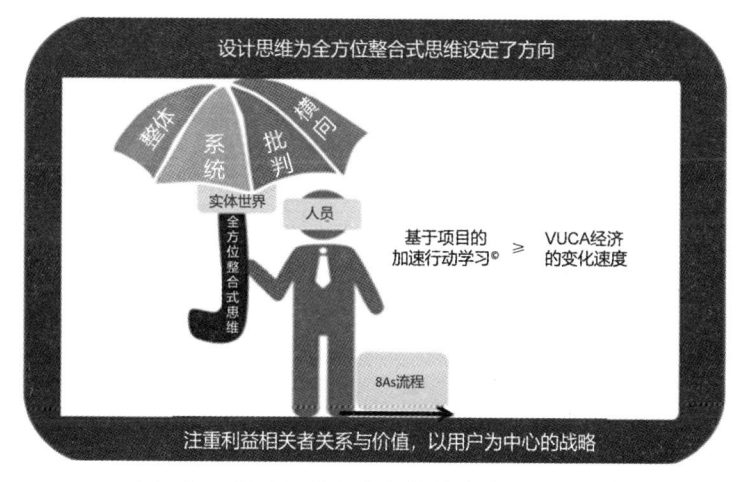

图2-14　设计思维与全方位整合式思维相结合

**设计思维作为一种战略**，通过关注最低成本、最佳绩效和最佳解决方案的制胜因素，为全方位整合式思维设定了正确的方向。

- 获得最低成本的战略是卓越的运营。
- 获得最佳绩效的战略是保证产品领先。
- 获得最佳解决方案的战略是增强客户体验。

将设计思维作为一种战略的全方位整合式思维将同时涉及三个层次的管理，即战略、业务和运营。

例如，如果输出是最低成本——运用整体思维，每个部门的员工都必须将其产品、服务、解决方案的设计建立在卓越运营的基础上，并以此作为降低成本的战略。这种战略将通过"消除和减少"流程实现价值创新，其与Kim & Mauborgne（2015）倡导的蓝海战略是一致的。如图2-15所示，设计思维是进行价值创新的连贯战略。

**设计思维作为一个流程**被整合到系统思维中。

全方位整合式思维包括四种思维能力。

- 整体思维——实现清晰有效规划。

- 系统思维——进行有效控制。
- 批判性思维——基于横向思维进行有效决策。
- 横向思维——通过有效分析获得同理心。

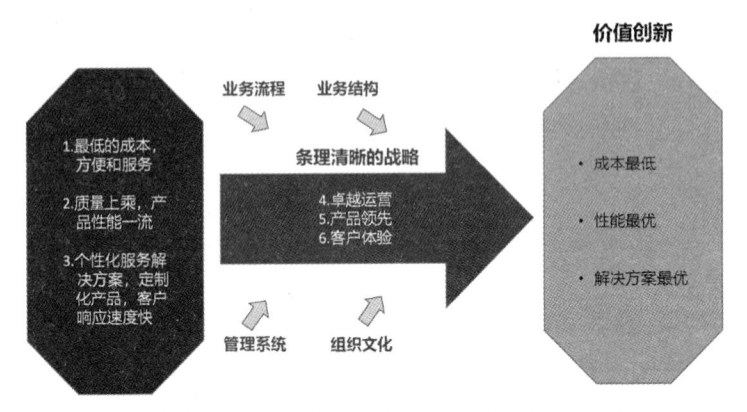

图2-15 设计思维是进行价值创新的连贯战略

运用设计思维制定战略需要由"对的人员"来执行。战略的好坏取决于执行能力,执行管理者可能是创新者、企业家或内部企业家(不是公司的负责人)。在任何情况下,执行管理者必须具备敏锐的洞察力,并决心保持领先,凭借四个可持续属性(见图2-16)在竞争中保持领先地位。

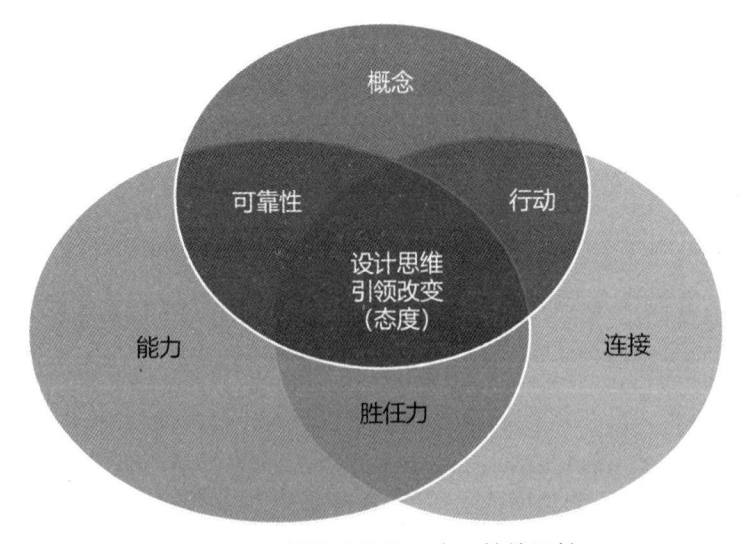

图2-16 设计思维的四个可持续属性

具体包括以下四个要素：

- **改变**——唯一不变的就是变化，改变来自内心（激情）和大脑（逻辑）——正确的态度。
- **概念**——管理、领导和创新交织在一起——永不妥协的责任心。
- **能力**——整合、实施、创新和持续改进是终极目标——卓越的能力。
- **连接**——专业能力、沟通能力、适应能力和耐力是保持合作关系和满足利益相关者期望的关键成功驱动力——做值得信任的事。

设计思维作为一种工具时，全方位整合式思维的丨个通用工具可以与之共享，分别是：

- 概念图
- 九宫格解决方案
- 8As 流程
- 设计思维与全方位整合式思维之家
- 微笑曲线
- 设计思维与全方位整合式思维矩阵
- 闭环系统图
- 创新与运营能力模块
- 知—做—教—导循环
- S-I-O-M 模型

❖ 设计思维的五个为什么为全方位整合式思维指明了正确的方向

- 由于 21 世纪全球商业环境的不断变化和渐趋复杂，运用当前仅有的解决问题的方法是远远不够的。

- 需要同时使用左脑（硬技能/系统思维）和右脑（软技能/整体思维）来解决问题，以做出正确的决定（全脑/批判性思维）。
- 适应能力需要敏捷的设计思维，从横向思维到整体思维、系统思维和批判性思维。这意味着要以乐观的态度对待问题，从六个不同的角度来看待问题，以消除所有偏见。
- 以达到或超越全球商业环境的变化速度为目标。基于项目的加速行动学习©，即边做边学，提高了变革的能力。此外，行动学习还可以提高个人能力，增强跨职能团队在执行不同规模且复杂项目时的能力。最终，拥有高绩效文化的组织可以因为加速学习而获得最高的执行能力，从而获得更好的协同业务成果。
- 设计思维是开发未来思考型人才最基本也是最重要的具有竞争力的战略。其结果是：

  整合想法、概念和战略。

  实施各种复杂的项目。

  不断创新为获得更快、更好、更智能的产品、服务和解决方案。

VUCA经济受到全球化的14种力量的冲击。因此，为了在工业4.0—5.0时代中生存，迫切需要不断提高在VUCA经济中的可持续竞争优势（Chan，2015a）。

设计思维与全方位整合式思维相结合才能发挥作用。

# 第三章　行动：如何培养设计思维

设计思维是一种以人为中心的协同解决问题的方法，可以使用设计思维来解决复杂问题。

——IDEO首席执行官　蒂姆·布朗

# 导　语

为了保持领先性并获得可持续的竞争优势，我们需要应对全球化和技术带来的变化。设计思维的五个要素如下。

- 敏捷方法在设计思维中是至关重要的，它可以让我们在 VUCA 商业环境中保持灵活性。
- 我们需要拥有整合、实施、创新和持续改进的能力。
- 时间是最易逝的资源，也是行动优势的决定因素。行动优势来自加速学习，通过使用一种通用的工作模式，即项目管理（在战略、业务和运营层面），来进行利益相关者关系与价值管理，从而将以用户为中心的设计思维战略转化为实际成果。
- 行动学习（边做边学）是全方位整合式学习的主要驱动力。从管理计划和项目组合中吸取的经验教训是组织的重要资产，这就是将设计思维融入全方位整合式思维以进行加速学习的方式。
- 基于项目的加速行动学习©可以促使组织进行加速学习，从而提高高绩效组织文化的执行力，最终带来更快、更好、更智能的结果。行动学习还应该与有效的利益相关者关系与价值管理相结合来发挥更大的作用，即组织内的关键员工需要具备管理、领导和创新的能力，而且他们要不断地提高这些能力，以适应 VUCA 商业环境。这样做的结果就是，为组织带来了以用户为中心的设计思维，并推动组织进行能够带来商业增值的价值创新。

设计思维认为，虽然一种条理清晰的战略的成功执行会受到执行人员、流程和所利用的实体世界的影响，但是如果没有一种确切的设计思维战略，我们将会失去目标和方向。设计思维流程可以与全方位整合式思维的8As流程相结合。

- 认知—共情
- 对齐—定义
- 行动—构思
- 实施—原型
- 巩固—测试
- 适应—实施
- 优势—改进
- 预测—评估

该流程需要10个创新工具加以支持，概念图和九宫格解决方案是其中的2个工具。

融入全方位整合式思维的设计思维作为一种概念、能力和事物的连接而存在。它通过基于项目的加速行动学习©来实现加速学习，以促进自我认知、激励自我发展、加强自我管理和与利益相关者的关系与价值管理，使我们能够投入时间来发展随未来需求的变化而改变的能力，即整合、实施、创新和持续改进的能力，从而保持领先性和竞争力。

因此，我们需要成为敏捷的变革推动者，否则我们将在商业世界的变化中变得毫无用处。苹果公司已故首席执行官史蒂夫·乔布斯曾宣称，"以不同的方式思考"，忽视问题就是自取灭亡。

# 管理者、领导者和创新者的设计思维

这一节详细阐述了设计思维的重要性。项目管理，是培养领导者能力的有效方式（Clark等，1994），其作为创造和增加价值的非常规工作，是管理者所必需的关键能力之一。

一方面，项目需要投资，这就产生了连锁效应，带来了就业机会；另一方面，工业4.0—5.0时代中的常规工作将被智能技术取代，如工厂自动化、智能机器人系统和3D打印。

促进"我们理解"或定义设计思维阶段的工具被称为九宫格解决方案。九宫格解决方案有9个元素。

- 设计思维的目标（为什么）
- 设计思维的范围（什么是与什么不是）
- 设计思维的战略（如何达到目的）
- 设计思维的人员（谁）
- 设计思维所提供的支持（需要哪些资源）
- 设计思维的结构（如何进行组织优化）
- 设计思维的流程（实现的方式）
- 设计思维的进度（什么时候实施）
- 设计思维的系统（如何衡量）

图3-1展示了用于检验的九宫格解决方案，即确保每个元素之间相互关联，并以纵向、横向和对角的方式协同作用。

第一步是确保以下3个元素的纵向匹配：

- 目标旨在实现业务/项目的目的，并关注其范围，以实现特定的目标/目的/可交付成果。
- 人员（利益相关者）被安排在对的结构中，以获得充分的支持，即拥有足够的时间、确切的信念以及来自高级管理层的保证，从而实现最佳绩效。

- **流程**在对的时间实施，以实现交付保证，并使用正确的平衡计分卡系统进行监督和控制。

| 目标 | 人员 | 流程 |
|---|---|---|
| 为什么 | 谁 | 实现方式 |
| 范围 | 支持 | 进度 |
| 是与不是 | 哪些资源 | 什么时间 |
| 战略 | 结构 | 系统 |
| 如何实现 | 如何组织 | 如何衡量 |

图 3-1　九宫格解决方案的 9 个元素

下一步是确保以下 3 个元素的横向匹配：

- 业务的使命、目标和目的只能通过实施对的流程并利用对的实体世界的对的人员来实现。

- **范围**不能过大，应该关注"是什么"的核心业务和组织的独特竞争力。高级管理人员需要为资源配置正确的优先级，提供支持和保证，并根据保证的项目可交付成果进度，投入大量时间跟踪和管理项目。如果做不到这一点，组织就会有绩效不佳的风险。

- **战略**需要正确的组织结构来确保其有效且高效地执行，正如 Chandler（1962）所指出的，"结构遵循战略"。在一些世界级的组织中，项目经理和团队成员使用一种非正式的组织结构，即"项目化的组织结构"，直接向首席执行官报告，该结构在项目完成后解散。战略只是一个计划，它需要被转化为项目，以实现特定的业务成果。如果没有适当的平衡计分卡系统和正确的关键绩效指标，就很难对战略进行监督和控制。战略是否成功执行需要根据员工的能力、内部业务流程的整体生产力、客户满意度和留存率以及可持续的财务绩效来衡量。必须确保员工的学习和发展，因为自满可能会削弱竞争力，要投资设计思维人力资本，而不是战略。

最终的检验旨在确保以下3个要素的对角线匹配：

- **目标、支持和系统**必须协同作用，以实现对齐。业务愿景、目标和目的必须与资源（支持）相匹配，以获得最低成本、最佳绩效和最佳解决方案。必须有一个适当的反馈和控制体系，用正确的平衡计分卡系统来衡量正确的关键绩效指标。这就需要考虑人员（学习和成长）和流程（通过颠覆性创新实现持续改进——如何将昂贵而复杂的产品、服务和解决方案转变为简单且实惠的产品、服务和解决方案）。重要指标是顾客期望、体验和忠诚度（跟踪和管理顾客幸福指数）。此外，还需要获取可持续的财务绩效（趁早剥离那些没有竞争力的产品和服务）。

- **战略、支持和流程**必须保持连贯。战略的最终目的是提高成本效益、实施高效的流程来优化资源。为了获得投资者的持续支持，其目标是获得成本、质量、速度、交付保证的可靠性和灵活性等优势。最关键的是将以用户为中心的设计思维战略转化为行动优势，以最小化战略与执行之间的差距，获得最强的执行能力。

# 九宫格解决方案

❖ 目标

这始于设计思维"我知道"或同理心阶段,让人们意识到为什么设计思维是至关重要的。设计思维为全方位整合式思维发展未来能力提供了正确方向,即通过基于项目的加速行动学习©来获得整合、实施、创新和持续改进的能力。在第一章中,概念图注重将全方位整合式思维与设计思维相结合,它解释了为什么全脑思维对未来能力的发展是必要的,主要包括五个为什么,即"引入设计思维的概念、能力和连接,以拥抱全方位整合式思维,实现加速学习"。设计思维的概念、能力和连接之间的交互关系如图3-2所示。

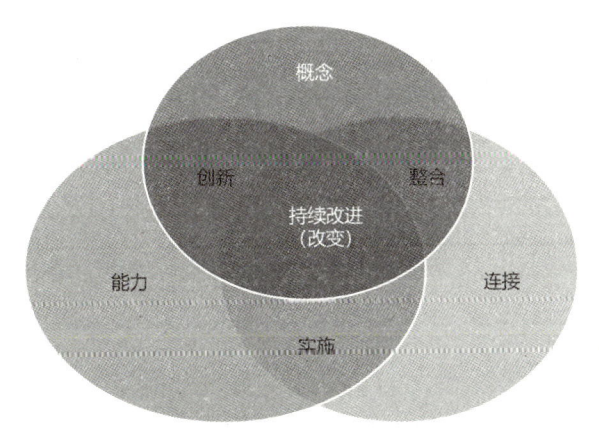

图 3-2 设计思维的概念、能力和连接之间的交互关系

当务之急是形成一个新的概念,以正确实施创新计划的能力作为支撑,并辅以适当的连接。这是通过整合供应价值链和销售商、供应商和分销商网络实现的。通过持续改进以适应VUCA商业环境的业务和市场来保持灵活性,确保长期发展。

本章将详细阐述在认知"我知道"或设计思维同理心阶段所讨论的相关术语。概念图中提到的每个元素（见第一章的图1-14）都被转移到九宫格解决方案中，以进行一致性检查。

九宫格解决方案是根据伦敦商学院教授Ghoshal和哈佛商学院Bartlett发表在《哈佛商业评论》（1994，1995a，1995b）上的三篇文章开发的。

第一篇文章强调了行动学习的目标、人员和流程之间的联系。

第二篇文章强调了项目管理的范围、支持和进度之间的联系。

第三篇文章强调了执行能力的战略、结构和系统之间的关系。

图3-3展示了九宫格解决方案三种横向和纵向联结。1997年，基于Ghoshal和Bartlett的研究成果出版了 *Individualized Corporation: A Fundamentally New Approach to Management* 一书。研究得出，**卓越公司是由目标、流程和人员来定义的，即为什么、什么方式和谁。**

|  | 目标 | 人员 | 流程 |
|---|---|---|---|
| 行动学习 | 目标 | 人员 | 流程 |
| 项目管理 | 范围 | 支持 | 进度 |
| 执行能力 | 战略 | 结构 | 系统 |
|  | 横向思维 | 整体思维 | 批判性思维 | 系统思维 |

校准评估的增量矩阵

图3-3 九宫格解决方案

九宫格解决方案是一种设计思维工具，用于协调利益相关者的需求和期望，以实现清晰的规划。从利益相关者处收集的事实、数据和信息被分组、分类，并放入九宫格解决方案的相应方框中（它们的功能类似于信箱）以得出九种解决方案，用以缩小战略与执行之间的差距。人员协调、人员能力的发展以及人员与利益相关者、供应商和销售商的连接是所有项目成功实施的关键。

## 第三章 行动：如何培养设计思维

❖ 范围

为了保持专注，所有的讨论都应该明确设计思维"是什么"和"不是什么"。设计思维使用"设计思维和全方位整合式思维之家"，如第二章的图2-5所示。

它从基础开始，即有效同理心分析的横向思维，通过六个不同的角度审视一个问题，这个问题也可能是一个机会。

接下来是从高层次的角度（如战略规划），通过检验所研究的主题是什么、为什么和如何来运用整体思维进行有效的规划。为了证明商业案例/投资的合理性，有必要从不同的角度进行可行性研究，包括财务、营销、运营、质量、人力资源、能力、供应链等。

将公司战略转化为商业计划仍然是不够的。为了成功地执行，将商业计划进一步分解为项目管理计划至关重要，图3-4展示了其中的逻辑流。

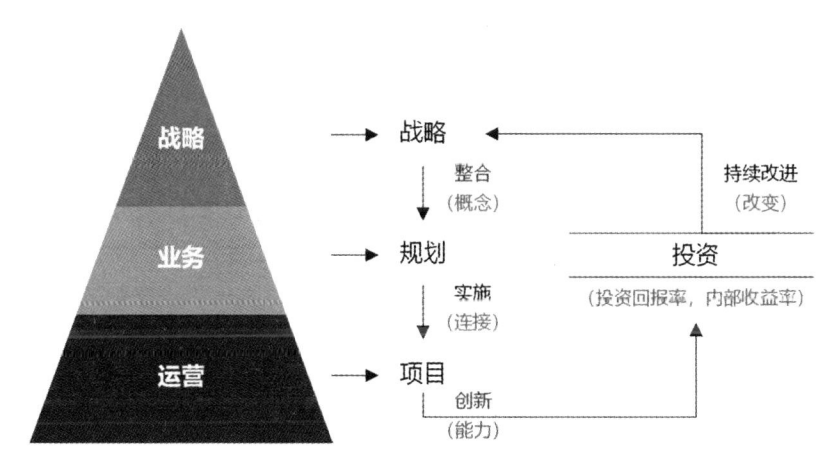

图 3-4　将战略转化为成功执行的项目

Kaplan和Norton（1996，2008）观察到，因为计划不够细致，无法清晰地规划和分配过程所有权，导致90%的战略在执行过程中失败。每个流程都应该有一个所有者。如果有不止一个负责人，则等同于没有负责人。

项目管理计划包含协调处理,以获得清晰的计划,不留下任何模糊的空间。整体设计规划必须与系统思维协同工作,以实现有效的监控。常识告诉我们,除非我们知道要监控什么,否则不要执行。聪明的公司使用关键绩效指标建立平衡计分卡,以确保战略有效。

- 由对的流程执行——执行能力
- 由合适的人员实施——执行纪律
- 由对的实体世界支持——执行速度

这使得获得最高的执行能力成为可能——对的组织文化。

在运营层面,批判性思维对实时决策的有效性要求最高,例如,在安全标准上妥协将导致事故发生,损害企业形象,影响品牌的领先地位。

整体思维、系统思维和批判性思维,相互重叠又相互联系,它们必须协同工作。设计思维提供了一个大局视角,以提供路线图。图3-5展示了全方位整合式思维与行动学习的加速学习分解结构。

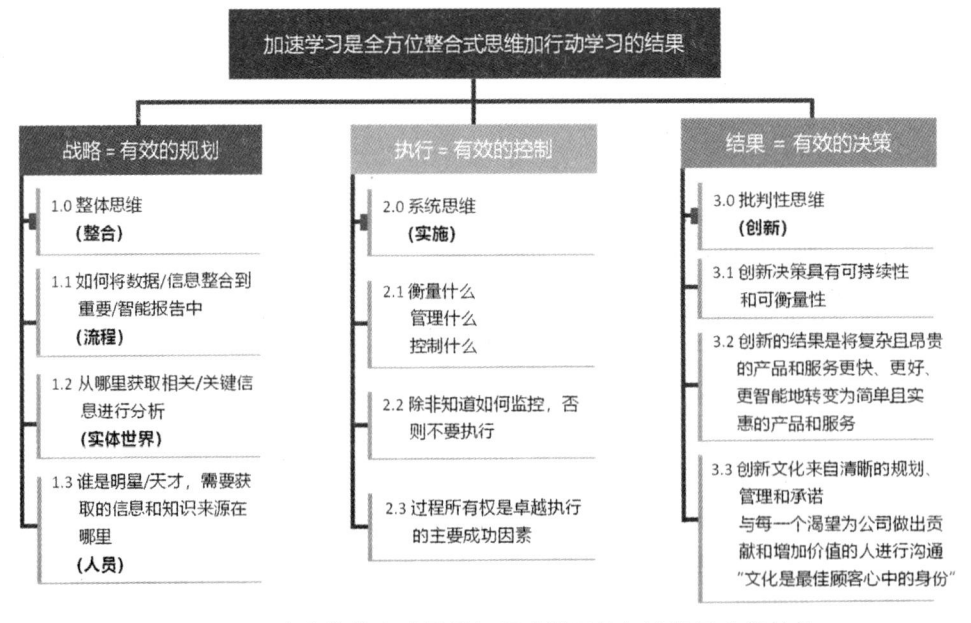

| 战略 = 有效的规划 | 执行 = 有效的控制 | 结果 = 有效的决策 |
| --- | --- | --- |
| 1.0 整体思维<br>(整合) | 2.0 系统思维<br>(实施) | 3.0 批判性思维<br>(创新) |
| 1.1 如何将数据/信息整合到重要/智能报告中<br>(流程) | 2.1 衡量什么<br>管理什么<br>控制什么 | 3.1 创新决策具有可持续性和可衡量性 |
| 1.2 从哪里获取相关/关键信息进行分析<br>(实体世界) | 2.2 除非知道如何监控,否则不要执行 | 3.2 创新的结果是将复杂且昂贵的产品和服务更快、更好、更智能地转变为简单且实惠的产品和服务 |
| 1.3 谁是明星/天才,需要获取的信息和知识来源在哪里<br>(人员) | 2.3 过程所有权是卓越执行的主要成功因素 | 3.3 创新文化来自清晰的规划、管理和承诺<br>与每一个渴望为公司做出贡献和增加价值的人进行沟通<br>"文化是最佳顾客心中的身份" |

加速学习是全方位整合式思维加行动学习的结果

图3-5 全方位整合式思维与行动学习的加速学习分解结构

- 全方位整合式思维对于加速学习至关重要。
- 加速学习充分利用学习曲线效应来实现快速学习。
- 横向思维是整体思维、系统思维和批判性思维的协同绩效输入。
- 加速学习被定义为"横向思维、整体思维、系统思维和批判性思维与基于项目的加速行动学习©相结合,产生协同的快速学习曲线效应的结果"。

图3-6展示了六项思考帽为九宫格解决方案的相关元素提供动力的位置。很明显,横向思维中没有包含项目管理。如图3-3所示,**横向思维只包括行动学习和执行能力**。因此,九宫格解决方案是一种有效的设计思维工具,可以确保所有关键要素相互联系和支持,从而对业务结果产生最大影响。

| 目标<br>(为什么)<br>蓝帽<br>(大局) | 人员<br>(谁)<br>红帽<br>(感觉和情绪) | 流程<br>(实现方式)<br>绿帽<br>(替代和学习) |
|---|---|---|
| 范围<br>(是与不是) | 支持<br>(在哪里) | 进度<br>(什么时间) |
| 战略<br>(如何实现)<br>黄帽<br>(积极的判断) | 结构<br>(如何组织)<br>黑帽<br>(关键的判断) | 系统<br>(如何衡量)<br>白帽<br>(事实和信息) |

图 3-6　六项思考帽只涵盖九宫格解决方案 9 个元素中的 6 个元素

❖ 战略

设计思维的战略是构建独特的核心能力:全方位整合式思维,可扩展的多学科应用,以及难以模仿的基于项目的加速行动学习©。

因为设计思维、全方位整合式思维是"通过持续的自我认知、自我发展、自我管理和利益相关者关系与价值管理的行动学习转变为敏捷思维技能,从而保持竞争力和相关性"。

战略是关于"如何实现"的,它必须与目标保持一致,并专注于业务或项目目标/目的/可交付成果的范围。战略贯穿组织的三个不同层面,即战略、业务和运营,这三个层面都需要做出决策以形成连贯一致的战略,例如,实现最低成本的卓越运营战略,获得最佳绩效的产品领先战略,提出最佳解决方案的客户体验战略。要成功地执行由三个不同管理层次产生的战略是一个挑战,并且可能形成混乱的局面。连贯的战略通常至少包含两个甚至三个要素,因此很难确定哪种战略是最好的,也很难清晰地规划。

规划的一致性也很重要,项目管理是最实用的解决方案之一。事实上,项目管理应该成为非常规工作的通用语言,并成为所有管理者的核心能力之一(Chan,2016)。项目管理方法包括全方位整合式思维技能(横向思维、整体思维、系统思维和批判性思维)。

根据美国项目管理协会的《项目管理知识体系指南(PMBOK®指南)》(第六版),管理一个项目包含49个过程。为了有效的监控,必须整合和协调这些过程,并且尽量减少沟通障碍。当决定变更项目范围时,必须研究项目范围变更对项目其他方面的影响,即进度、成本、质量、人力资源、沟通、风险、采购和利益相关者。

图3-7展示了使用设计思维将战略、业务和运营相连接的重要性。对于项目管理,在公司层面,战略的成功执行在战术上是可行的,前提是需要将其转化为计划(业务)和项目(运营)的组合(战略)以供实施。

**项目也可以成为培养领导者的学校**,其可以分为轻量级、中等量级和重量级,以培养不同类别、类型和质量的领导力(Clark,1994)。

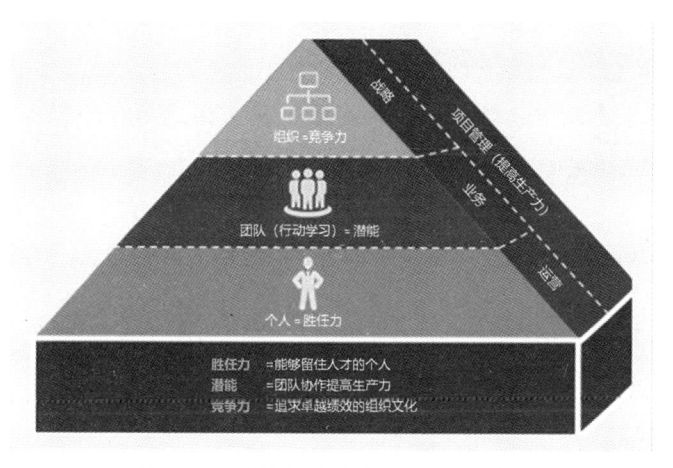

图 3-7 持续提高生产力的项目管理

领导被定义为**发展一个有组织的团队以实现共同目标的过程。**项目是流程驱动的，并且涉及团队，这个团队最终必须发展成为一个高绩效的团队，以获得更快、更好、更智能的业务成果。管理项目时获得的经验教训被视为组织的过程资产。行动学习在解决现实生活中的管理/技术项目问题时效果最好。

良好的管理依赖于知识、技能和经验的巧妙整合——这种能力无法在课堂上传授，而必须在实际工作中学习。**因此，管理者从项目工作中学到的东西最多。**

整体思维、系统思维和批判性思维的行动学习模式如下：

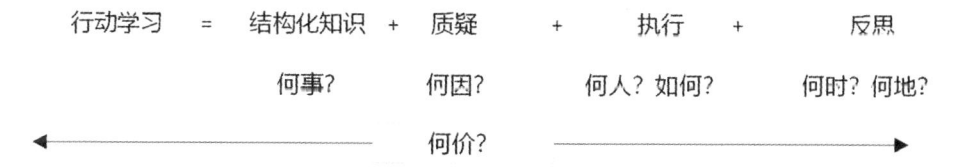

行动学习 ＝ 结构化知识 ＋ 质疑 ＋ 执行 ＋ 反思

何事？　　　何因？　　何人？如何？　何时？何地？

←──────────── 何价？ ────────────→

- 我们需要学习什么？（知识/工具）
- 我们为什么必须学习？（目标）
- 如何执行？（流程）
- 谁来执行？（人员）

- 何时执行？（进度安排）
- 在执行过程中，哪里是正确的，哪里是错误的？（经验教训）
- 做这件事需要多少钱？（费用）

在管理项目时：

- 运用整体思维——整合所有流程，确保它们相互联系。
- 运用系统思维——建立单一控制源。
- 运用批判性思维——确保在做出正确的决定之前优先考虑所有的备选方案，考虑短期、中期和长期风险。
- 运用横向思维——通过参与、管理和整合利益相关者的所有洞察和需求，最大限度地减少对变革的阻力。

可以肯定的是，设计思维必须解决关键利益相关者的痛点，并在执行战略之前确定问题的根源。否则，正如我们从沃伦·巴菲特的观察中了解的那样，"我们从历史中学到的是人们不会从历史中学习"。如果我们想实现所要求的输出，我们必须控制输入的质量。否则，结果将是"垃圾输入，垃圾输出"。

**每当战略需要改变时，敏捷设计思维技能必须参与进来以适应新的需求。**图3-8展示了敏捷设计思维技能的三个内在特征。

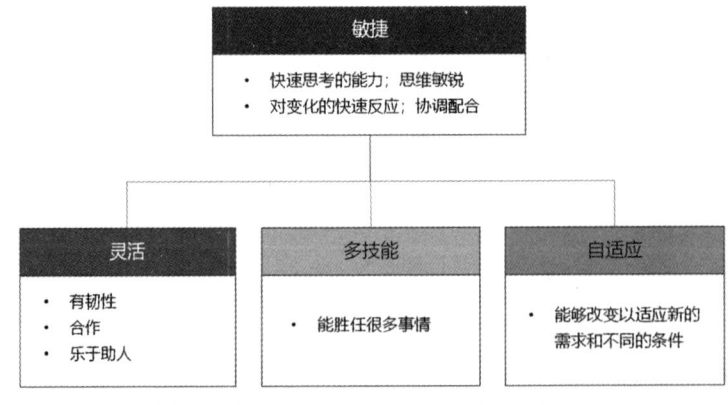

图3-8 敏捷设计思维技能的三个内在特征

一个称职的管理者需要满足这三个特征才能被认为是专业的,即一个有效率的管理者。图3-9展示了一个敏捷管理者的本质,即能够应对和适应变化的敏捷管理者的标准,他能够应对和适应VUCA商业环境的变化。这是因为一个敏捷管理者兼具**硬技能(流程驱动;左脑)和软技能(以人为本;右脑)**,这两种技能必须完全投入和优化。**软技能和硬技能的融合被称为"T技能"。**

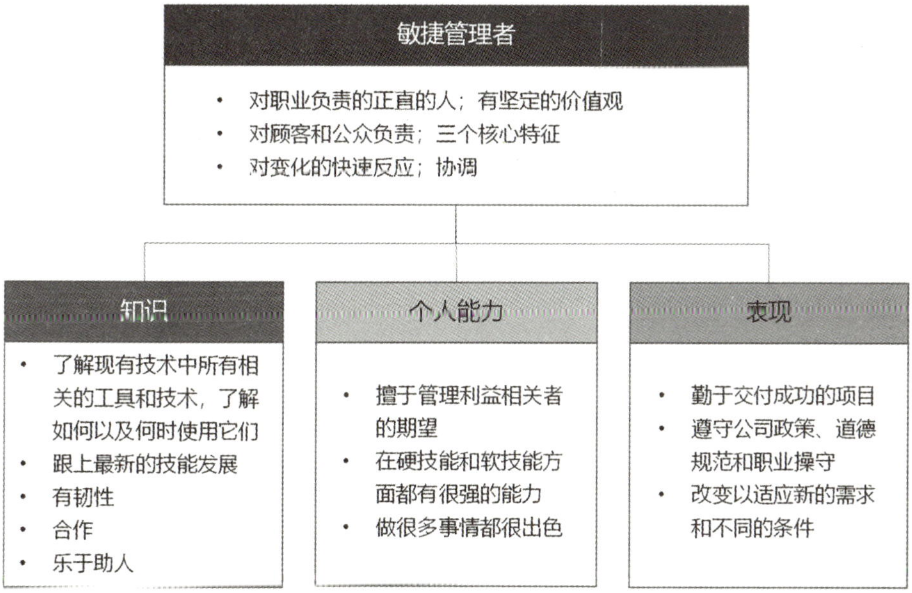

```
敏捷管理者
• 对职业负责的正直的人;有坚定的价值观
• 对顾客和公众负责;三个核心特征
• 对变化的快速反应;协调

知识
• 了解现有技术中所有相关的工具和技术,了解如何以及何时使用它们
• 跟上最新的技能发展
• 有韧性
• 合作
• 乐于助人

个人能力
• 擅于管理利益相关者的期望
• 在硬技能和软技能方面都有很强的能力
• 做很多事情都很出色

表现
• 勤于交付成功的项目
• 遵守公司政策、道德规范和职业操守
• 改变以适应新的需求和不同的条件
```

图 3-9　能够应对和适应变化的敏捷管理者的标准

- 知识或**专业能力**是人的智力资本。
- 个人能力或**沟通能力**是人的社会资本。
- 表现或**适应能力**是人的情感资本。

图3-10展示了敏捷管理者不同类型的渐进式设计思维技能,这些技能对于成为真正的世界级敏捷管理者的每个发展阶段都至关重要。

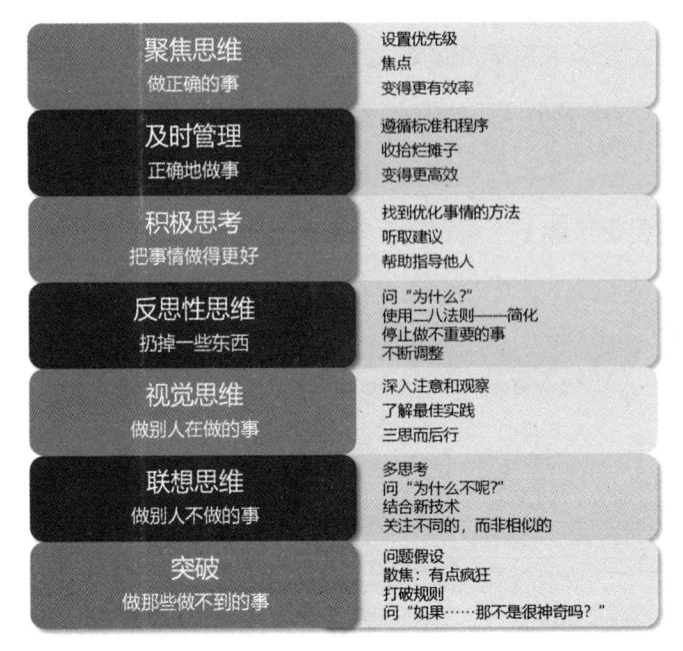

| 聚焦思维 做正确的事 | 设置优先级<br>焦点<br>变得更有效率 |
|---|---|
| 及时管理 正确地做事 | 遵循标准和程序<br>收拾烂摊子<br>变得更高效 |
| 积极思考 把事情做得更好 | 找到优化事情的方法<br>听取建议<br>帮助指导他人 |
| 反思性思维 扔掉一些东西 | 问"为什么?"<br>使用二八法则——简化<br>停止做不重要的事<br>不断调整 |
| 视觉思维 做别人在做的事 | 深入注意和观察<br>了解最佳实践<br>三思而后行 |
| 联想思维 做别人不做的事 | 多思考<br>问"为什么不呢?"<br>结合新技术<br>关注不同的,而非相似的 |
| 突破 做那些做不到的事 | 问题假设<br>散焦:有点疯狂<br>打破规则<br>问"如果……那不是很神奇吗?" |

图 3-10　敏捷管理者的七种思维技能（Smith，2007）

转型变革管理的这七种思维技能促使敏捷管理者改变他们的行为,使其与"T技能"保持一致,即将设计思维能力运用到整个大脑以便在21世纪奋斗和发展。未来的能力将要求:

- 通过技术整合物联网。
- 通过结果导向的领导来实施战略。
- 通过敏捷项目管理创新产品、服务和解决方案。
- 通过基于项目的加速行动学习©来加速学习,不断提高个人能力。

全脑思维(基于项目的加速行动学习©全方位整合式思维)不再是一种选择,而是生存的终极武器——只有全方位整合式主义才能生存。

❖ 人员

利益相关者是任何能够影响活动或项目成败的人,这同样适用于职业道路、大额投资、工作等。**利益相关者关系与价值管理是组织政治感知的同义词。**因此，在整个项目生命周期中管理和调整利益相关者的期望是至关重要的。利益相关者的影响在项目开始时最强，到项目结束时逐渐减弱。

**利益相关者有三种基本类型**——积极的、中立的和消极的。要了解利益相关者，首先要了解自己，也就是自我认知。有一个自我认识三部曲。

- 我是谁——与情感资本相关。
- 我知道什么——与智力资本相关。
- 我做什么——与社会资本相关。

在与不同类型的利益相关者打交道之前，确定自己的优势和劣势是至关重要的，由此建立你的优势来弱化你的劣势。市场上有许多评估自我认知的剖析测试，例如，科尔伯的学习模型、五大人格特质、贝尔宾的团队角色测试、DISC性格测试、情景领导模型、GET模型等。为了充分了解自己，做一个360度反馈评估和自我—老板—客户审查是至关重要的。

在评估你的优势和劣势之后，下一步就是为你的自我发展做计划，把你自己转变成一个变革推动者。正如哈佛商学院的John Kotter（2012）所倡导的那样，"领导关乎变革，变革始于领导者"。未来的老板应该通过真正的仆人式领导来影响下属。新一代劳动力的素质很高，传统的命令和控制型领导风格已经过时。追求全面领导（Friedman，2014）是一个很好的实践。领导力专家沃伦·本尼斯在他的著作*On Becoming a Leader*（2009）中提出，领导最重要的是"做自己"。

基于项目管理的概念，九宫格解决方案中的人员元素指的是需要成为变革推动者的项目经理。项目经理是从战略层面到运营层面的战略实施者，这些角色如图3-11所示。项目经理的优势是专业能力、沟通能力和适应能力，他们必须不断提升这些优势。

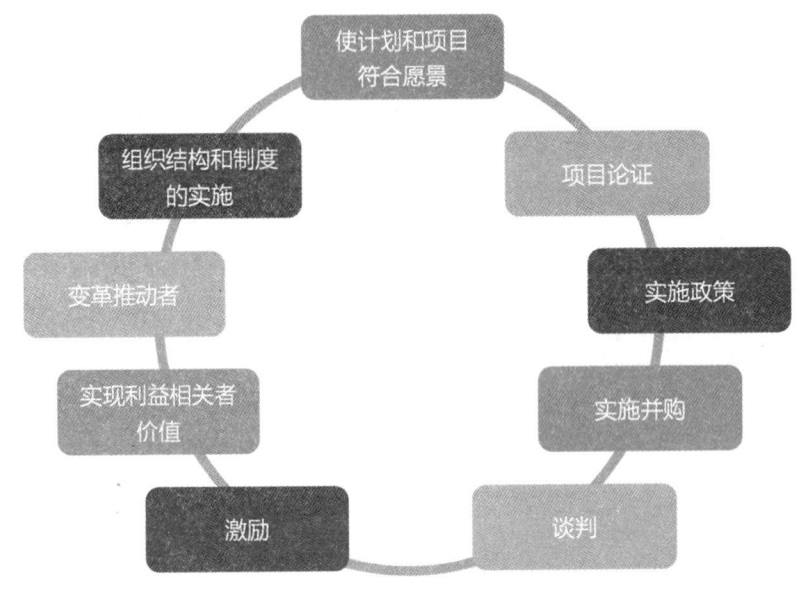

图 3-11 项目经理的优势：专业能力、沟通能力和适应能力

下一个阻碍是培养管理项目的团队领导能力。当项目经理被提拔去管理一个部门时，他们需要成为有能力的（全脑型）管理者。如果再次晋升到下一个管理层级，他们在有效领导方面的成功是至关重要的。最高的管理水平需要管理者的企业家精神。现代管理学专家彼得·德鲁克（1985）将其定义为管理者、领导者和创新者，这些属性就像同一个身体的手、嘴和鼻子。要想成为一名高管教练，这三种商业头脑必须共存。聪明才智和扎实的管理经验永远不能相互抵消。

一个专业的执行教练可以通过尽可能多地指导未来的领导者来加快领导力的培养过程，从而产生一个持续的领导通道，即克服人才发展和管理方面的问题。Collins（2001）描述了领导力发展的五个层级，但不是每个人都能达到最高层级。图3-12展示了个人自我认知、自我发展、自我管理和利益相关者关系与价值管理的五个层级。从管理—领导—创新阶梯的第1级攀升至第5级需要改变思维方式和思维技能。

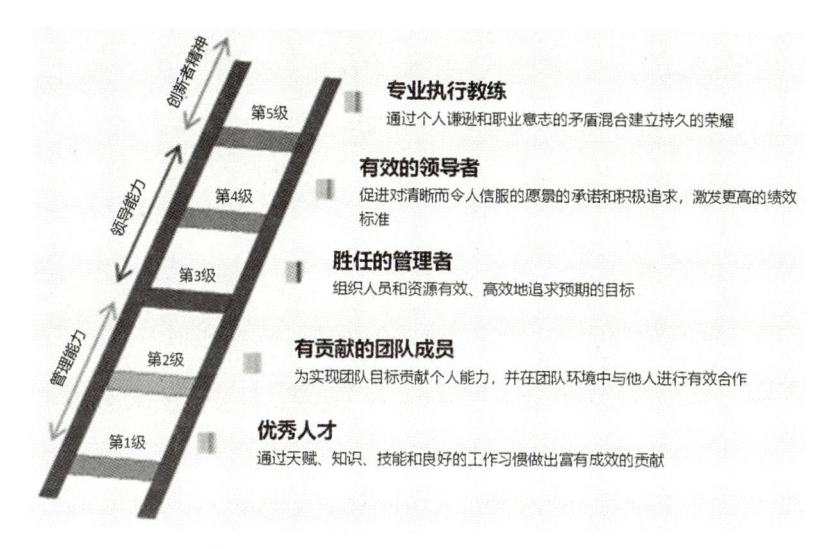

第5级 专业执行教练
通过个人谦逊和职业意志的矛盾混合建立持久的荣耀

第4级 有效的领导者
促进对清晰而令人信服的愿景的承诺和积极追求，激发更高的绩效标准

第3级 胜任的管理者
组织人员和资源有效、高效地追求预期的目标

第2级 有贡献的团队成员
为实现团队目标贡献个人能力，并在团队环境中与他人进行有效合作

第1级 优秀人才
通过天赋、知识、技能和良好的工作习惯做出富有成效的贡献

图 3-12　个人自我认知、自我发展、自我管理和利益相关者
关系与价值管理的五个层级（Collins，2001）

- 第1级和第2级需要管理能力。
- 第3级和第4级需要领导能力。
- 第4级和第5级需要创新者精神。

那些已经达到第5级的管理者应该自愿担任专业执行教练和变革推动者，以指导和训练高潜力、有才华的管理者，在快速通道的基础上培养他们成为公司未来的领导者。

将时间、努力和精力投入到设计思维中并运用全方位整合式思维是希望管理者能够达到第5级的加速学习和熟练程度。正确的自我发展计划与潜在领导者在自我管理方面取得成功的决心相结合，极大地增加了实现战略执行的机会，并由此获得最高绩效。为了保持竞争力和相关性，领导者的成功纪录将有助于说服利益相关者提高组织的执行能力，这将减少变革的阻力，保护既得利益。当然，利益相关者需要将组织的价值观、愿景和使命与商业目标/目的/指标和关键绩效指标保持一致。

设计思维将一种整体的方法应用于管理、领导和创新，就像视觉、听觉、嗅觉、触觉和味觉这五种感官一样，忽略任何一个元素都会导致系统和效益的次优化。它们是相互联系、相互依存和相互关联的，目的是最大限度地提高生产力，实现效益和提高效率。

❖ 支持

支持意味着资源，包括人力、材料、资金、方法、设备和管理承诺。如果没有管理层的承诺，战略或项目将面临风险，即资源的次优化。为了获得高层管理的承诺，必须让他们相信将战略转化为项目的五个"为什么"。

下一步是提供"下一步是什么"，即五个为什么的答案。图3-13展示了提高领导力的五个为什么的例子。

图3-13 全方位整合式思维的五个为什么适用于领导力培养

管理层需要了解并回答以下三个重要问题：

- 在组织的背景下，领导是什么？
- 为什么领导是保持竞争力和可持续生存的必要条件？
- 如何发展和培养组织独特的世界级质量的领导力？

## 为什么要知道领导？

领导者是一个人，而领导是培养和发展一个人，使其达到每一个管理层级所需的领导风格和领导质量的过程。这是领导者的自我认知阶段，即认知到领导的5个层级中的哪一个是当前的精通程度。如果公司的大部分管理者处于第2级和第3级，少数处于第4级，而没有人处于第5级，那么一旦首席执行官离开公司，组织就会遇到重大风险。因此，继任计划至关重要。

那么，问题是"下一步怎么办？"——有必要建立一个领导力通道，以持续供应内部培养的领导人才。这在成长阶段至关重要。领导者供应不足将阻碍国际和全球扩张计划，即没有领导者，没有行动，就没有结果。知识优势必须转化为行动优势才能创造价值。一个领导者和领导品牌总有一天会消亡，但当有一个负责构建组织绩效文化的领导力通道（品牌领导）时，领导力将会持续下去。

这意味着没有人是不可或缺的，因为有足够多的领导者来推动公司的发展、壮大和全球化。**设计思维的主要目标是设计正确的路线图**——设计正确流程的战略地图，培养正确的人才，培养一批有能力的管理者、有效的领导者和高管教练，培养有才华的创新者，他们必须利用正确的实体世界——实现最高执行能力。

全方位整合式思维是通过整体的思考，使人具备整合、实施、创新和持续改进的未来能力。这适用于管理技能、领导技能的系统思维，创新者技能的批判性思维，以及设计思维人力资本技能的横向思维。加速学习实现了更快（速度、交付保证）、更好（质量）和更智能（成本、灵活性）。基于项目的加速行动学习©带来了知识产权的组织资产——从中学到的经验教训可以应用于下一个项目以提高绩效。

## 为什么领导力是所有管理者的核心能力？

领导力的一个特征是，它是公司独特的（组织行为），可扩展的（高级管理对未来领导者的辅导和指导的倍增效应）和难以模仿的（组织文化）。

下一步呢？

初级管理者接受管理培训（遵循标准操作程序）。除了管理运营绩效的日常工作之外，有能力的中层管理者还参与项目的实施。

高级管理者对底线负责，即收入增长、盈利能力和流动性。

因此，一个成熟的管理者能够像公司所有者一样管理、领导和发展业务。这保证了管理、领导和创新能力的整合，以高绩效文化击败竞争对手。

### 为什么领导力是通往未来的通行证？

有了正确的360度评估系统，就可以确定一个人的领导力的优势和劣势，并为下一级的领导力做好准备。因此，晋升是基于业绩以适应管理阶层，而不是因为个人魅力。

下一步呢？

不同的管理水平要求不同的绩效结果。如果一位管理者很有魅力，但不能实现底线任务，那么这个人将获得第二次接受再培训和重新发展的机会。但是，如果辅导和指导不能使他进一步超越，那么他的"通行证"将局限于当前的管理层级。这个决定虽然是明智的，但评估系统的完整性需要赢得尊重和信任。如果管理者很年轻，但非常有能力有才华，并且有正确的态度和对成功的热情，那么就有在快速进步的基础上发展、辅导、指导和培养这位管理者的理由。这是培养和留住具有正确领导风格和品质的人才的较好方法之一。这样，每个管理者都有平等的机会快速晋升。这对于将推动组织走向未来的高绩效领导者来说是公平的。

### 为什么现在需要提高领导者的素质？

培养、训练和指导普通领导者成为高绩效领导者需要时间。在一些组织中，即使有最高管理层的全力投入和支持来投资和引导组织达到成熟的领导水平，这个过程也需要20年的时间，而不那么坚定的组织将需要25年以上的时间。

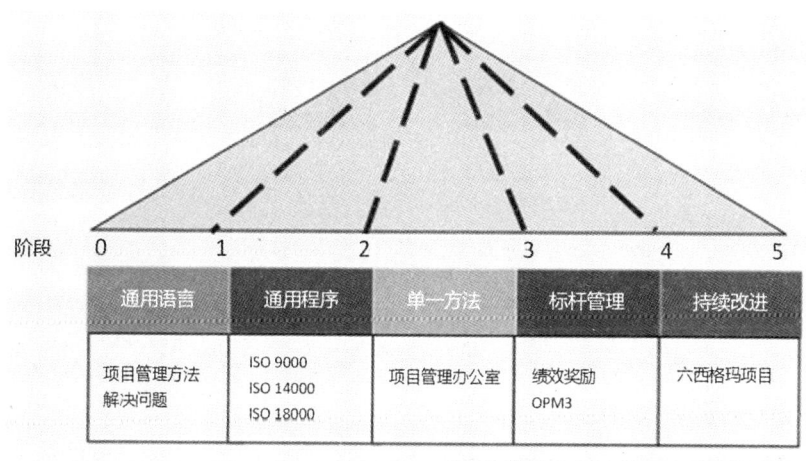

图3-14展示了组织成熟度发展五个阶段的例子。

| 阶段 | 1 | 2 | 3 | 4 | 5 |
|---|---|---|---|---|---|
| | 通用语言 | 通用程序 | 单一方法 | 标杆管理 | 持续改进 |
| | 项目管理方法<br>解决问题 | ISO 9000<br>ISO 14000<br>ISO 18000 | 项目管理办公室 | 绩效奖励<br>OPM3 | 六西格玛项目 |

OPM3：来自项目管理的组织项目管理成熟度模型第3版本

（有些公司从第1阶段发展到第5阶段需要20到25年）

图 3-14  组织成熟度发展五个阶段的例子

世界上60%以上的管理者都是老年人。人们强烈呼吁培养尽可能多的年轻一代领导人来接替那些将在未来十年退休的人。培养一个领导者就像装满一个空的或半空的杯子。领导力需要时间，因为领导是一个过程，需要领导者经历现实世界中发生的事情。领导者如何在危机中扭转公司局面？这和现实生活中的经历直接相关。危机可能会发生，也可能不会发生，也不可能刻意创造危机经验。当危机真的发生时，它给了崭露头角的领导者极好的机会去体验和测试他们的批判性思维能力。

下一步呢？

管理能力比领导力、创新者精神更容易培养。管理需要有执行原则，并使用左脑进行微观技术分析和逻辑推理。领导更多地利用右脑进行宏观分析，使用全面、有远见的方法来构建框架、范式和模型。这将产生解决问题的替代方案。创新能力需要右脑和左脑思考，根据直觉、第六感和风险偏好做出有效的决策，而不仅仅是计算风险（左脑）。

图3-15展示了当管理能力、领导力、创新者精神中的某些要素出现问题时的各种结果。

| 高效 | 有效 | 热情 | 结果 |
|---|---|---|---|
| 管理能力 | 领导力 | 创新者精神 | 最佳性能 |
|  | 领导力 | 创新者精神 | 不可重复 |
|  |  | 创新者精神 | 无法控制 |
| 管理能力 |  | 创新者精神 | 无序 |
| 管理能力 | 领导力 |  | 不可持续 |
| 管理能力 |  |  | 无可匹敌 |

图3-15 管理能力、领导力、创新者精神的结果

**为什么领导力的好处是长期的？**

领导层应该确保公司的成功是可持续的，业务增长是可扩展的。当公司财务状况良好时，领导者应该通过对社会和整个社区做出重大贡献来支持公司的社会责任，即带头做慈善。为了保持竞争力，组织的长期领导者应该成为变革推动者。然后，他们可以指导年轻或崭露头角的领导者，以加快他们的学习和发展速度，并在快速的职业发展道路上担任高级管理职位。

下一步呢？

如果领导者太多怎么办？不是所有的领导者都能成为专业的执行教练，成为变革推动者。在21世纪，设计思维的人力资本将主导商业世界，而不是人力资源。人力资本是全脑型的管理者，他磨炼了三种相关的能力。

- 整合管理
- 领导执行

● 创新者精神

领导者如果做不到这些，将无法保持绩效。该公司可能在一段时间内做得很好，但它将无法在全球化的残酷和不稳定的现实世界中生存。

在这个不断变化和体验经济的时代，设计思维人力资本是长期利益的关键。在人力资本上花的每元钱都会创造比资金成本高出很多倍的投资回报。未来是投资具有最高投资回报率的设计思维人力资本，而不仅仅是任何人力资源。

工业4.0—5.0时代已经开始，随着前所未有的剧烈变化，竞争只会变得更加激烈。我们必须完全具备设计思维能力，不断追求卓越，以达到涅槃的三重境界。以用户为中心的设计思维战略是关键。

当然，我们必须超越这五个"为什么"。公司不仅应该批准资源（包括高级管理人员的高质量时间），还应该讨论"下一步做什么"背后的原因和行动计划，以获得保证并获取更深层次的意义或收益。建设性的批评是进步之道。

❖ 结构

在受全球化和技术影响的不稳定的商业世界中，传统的组织结构已被证明不那么有效。为了快速响应客户需求的变化，成功的公司已经为颠覆性创新建立了非正式的组织结构，这被称为"项目化的组织结构"（见第一章的图1-9）。这样做的好处是它只存在于项目生命周期中。项目成功完成后，项目/产品经理和团队成员将回到各自的部门/岗位。然而，在项目生命周期中，整个项目团队都向首席执行官报告，作为一个扁平的组织结构进行运作，决策和资源都被优先考虑并能够快速获得。

另一种更正式的结构类型称为"战略管理办公室"（Norton和Kaplan，2004），它负责将战略转化为优先计划和资源配置项目，包括高层管理对关键投资/项目绩效进行监督的高质量时间承诺。战略管理办公室不负责制定战略，即不负责确保战略上可接受和财务上合理,而是只负责确保通过成功实施在战术上可行的项目来执行该战略。

❖ 流程

有八个流程,即8As,作为连接所有关键利益相关者的沟通力量,以支持投资/计划/项目。它由八个以人为本的变革管理流程组成。

- 产生认知:了解利益相关者的需求和期望。
- 确保对齐:理解利益相关者的需求和期望。
- 实施行动:满足利益相关者的需求和期望。
- 鼓励实施:推广最佳实践以满足需求——利用流程再造实现价值创新以超越预期。
- 执行巩固:持续改进,超越世界级绩效。
- 增强适应:在整个项目生命周期中让利益相关者参与进来,以克服对变更甚至破坏的阻力。
- 拥抱优势:在实践中学习,用文档记录经验教训。这可以为下一个项目如何更好地管理消极的利益相关者建立优势,明确利益相关者关系与价值管理和沟通策略的正确和错误之处。
- 加强预测:即兴应对风险,涵盖上述七个流程,从认知到优势,直到项目成功完成和结束。

对于项目管理,有五个过程:

- 启动
- 计划
- 执行

- 监控和控制
- 结束

这非常注重流程驱动，但缺乏使消极的利益相关者变得中立的影响力。需要将他们（消极的利益相关者）转变为对项目/变革管理计划的成功或失败有直接影响的积极的利益相关者。管理者、领导者和创新者应当采用8As沟通战略。

❖ 进度

管理能力、领导力、创新者精神的发展进度取决于管理者的曝光率。例如，在一些跨国企业中，管理者会在海外工作两到三年，然后在总部工作十年。因此，管理者在发展中国家和欠发达国家经历了文化调节，以评估他们的敏捷性和逆境资本，即弹性/耐力。

接下来，跨国企业将让管理者负责区域市场，作为对管理能力和领导力的严峻考验。接下来的任务是跨境管理，管理难度更大、更复杂、投资水平更高的项目，即中等量级项目。最终，管理者必须能够展示创新者精神，尽管他们是受薪员工，也被称为内部企业家或公司高管。

当管理者成为真正有才华的人力资本时，精通程度的三部曲就融合在一起了，即管理—领导—创新（见图3-16）。经验可以通过全方位整合式思维来加速学习。只有当管理者有意志力并谦逊地去学习时，学习才会发生，从而产生态度和行为的改变。学或不学不再是一个选择。在这个不断变化的全球化时代，终身学习以保持精通是至关重要的。全方位整合式思维和行动学习增强思维能力，产生颠覆性创新。Clayton Christensen（1997）是颠覆性创新概念的开拓者。

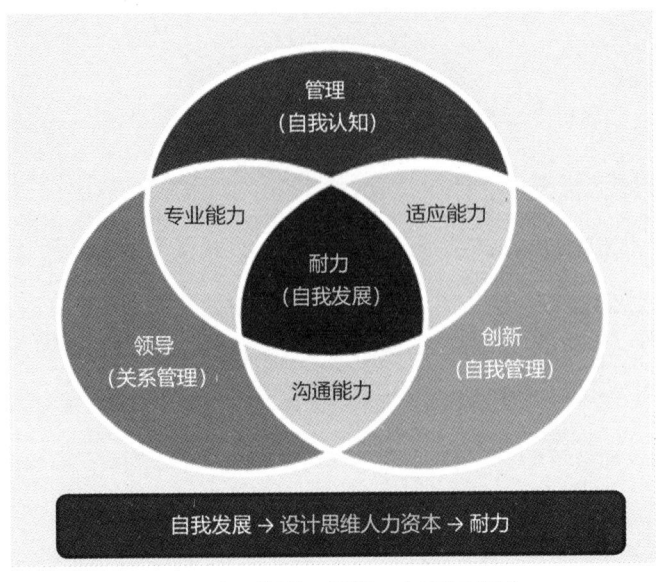

图 3-16　管理—领导—创新三部曲

图3-17展示了从管理到领导再到创新转变的七个阶段。每个阶段都需要适应力，即情感资本和变革的激情。显而易见，全方位整合式思维是有效的。系统思维只会引起不到10%的行为变化。批判性思维会引起11%到30%的积极行为改变。超过30%的变化需要融合系统思维、批判性思维和整体思维，不要忘记横向思维是有效同理心分析的基础。

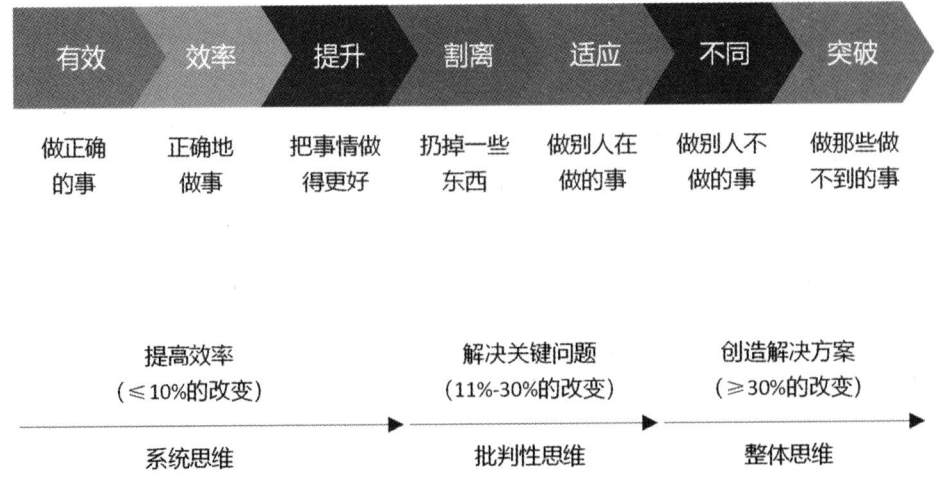

图 3-17　从管理到领导再到创新转变的七个阶段

❖ 系统

平衡计分卡有三种基本类型，即战略、业务和运营。

- 在战略层面，平衡计分卡衡量关键成果指标（KRIs）。
- 在业务层面，平衡计分卡衡量绩效指标（PIs）。
- 在运营层面，平衡计分卡衡量关键绩效指标（KPIs）。

图3-18展示了三种平衡计分卡的例子。全方位整合式思维强调闭环系统的必要性。

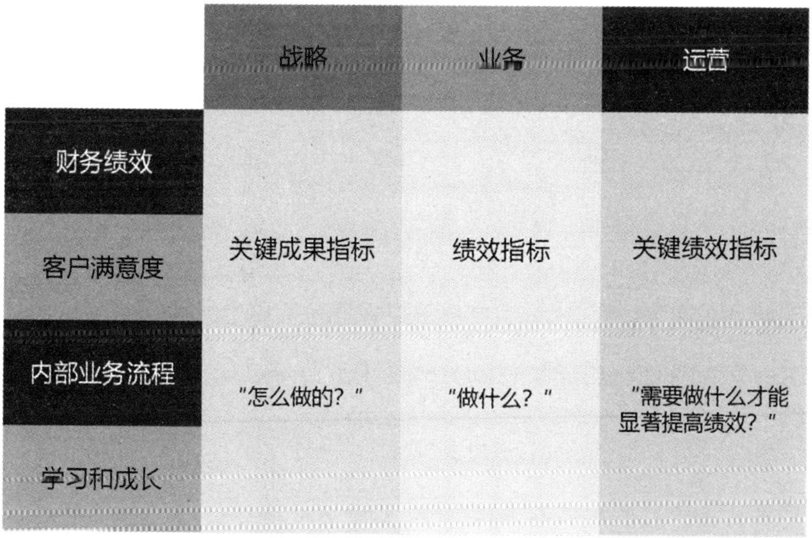

|  | 战略 | 业务 | 运营 |
|---|---|---|---|
| 财务绩效 |  |  |  |
| 客户满意度 | 关键成果指标 | 绩效指标 | 关键绩效指标 |
| 内部业务流程 | "怎么做的？" | "做什么？" | "需要做什么才能显著提高绩效？" |
| 学习和成长 |  |  |  |

图3-18 企业平衡计分卡的三种类型

# 结　语

"对齐"（我们理解）阶段解决了将问题视为威胁和机遇的必要性。九宫格解决方案是一个有效的工具，它采用横向、整体、系统和批判性的处理方法，可以应用于任何项目或活动。该处理将纵向、横向和对角地分析九宫格解决方案的九个元素。整个处理过程包含8As，以确保充分利用沟通策略。通过九宫格解决方案和8As的融合可以看到全方位整合式思维的作用，如图3-19所示。

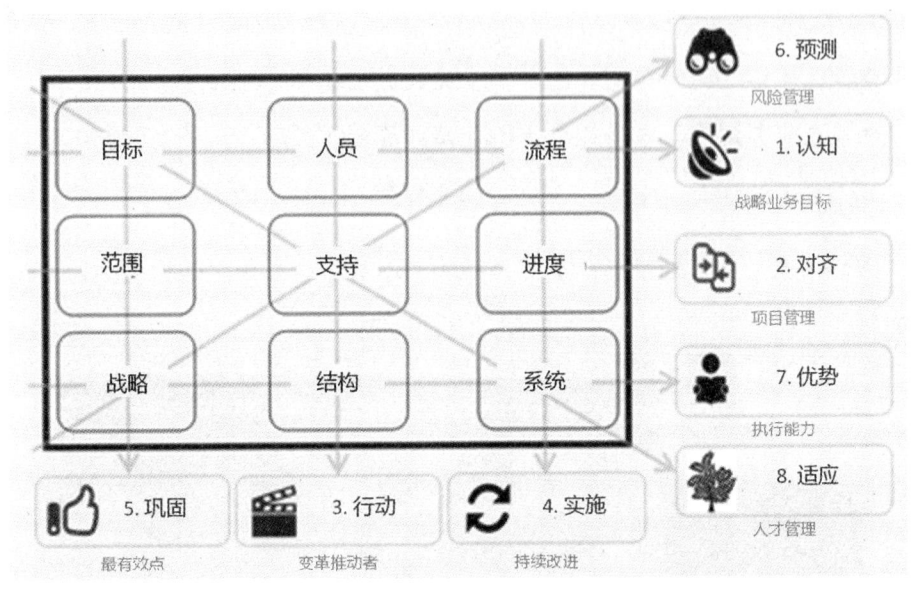

图 3-19　全方位整合式思维的九宫格解决方案与 8As 的融合

在设计思维环境中，将九宫格解决方案和8As结合将得到：

**认知**（我知道）——通过以下方式培养对战略业务目标的意识。

- 审议项目的目的和关键任务。
- 对成功执行负责的人员/流程所有者执行原则。
- 要部署流程（流程所有者的执行能力），以及让人员利用正确的实体世界和技术以加快执行速度。

**对齐**（我们理解）——通过清晰的规划来确保利益相关者的一致性。关键利益相关者应积极参与规划过程，以制订综合计划。有效的项目管理对于以下方面至关重要。

- 为客户提供的范围/交付物。
- 高层管理的支持、资源和承诺。
- 产品/服务的进度/交付保证。
- 预算内、按时、范围内的监控。

**行动**（我们可以）——利用正确的项目组织结构，让关键利益相关者继续支持项目，直到项目成功完成。项目化的组织结构能够很好地提高团队合作力和生产力。

**实施**（我们想要）——鼓励接受从旧方法到新的改进方法的以人为本的流程的变革管理，这会产生积极的态度和行为。培育组织文化的变革管理流程需要考虑短期、中期和长期影响的进度。企业平衡计分卡系统必须获得利益相关者的信任，以实现各方共赢。信任平衡计分卡系统的完整性，即衡量正确的关键绩效指标和正确的激励奖励。

**巩固**（我们擅长）——向利益相关者确认保证全方位整合式思维处理涵盖了对成功执行战略至关重要的每一个方面。成功执行一半的战略，胜过无法执行的优秀战略。组织的执行能力是说服关键利益相关者向现有或新项目投入资源和投资的最重要的影响因素之一。

战略业务目标的目的必须集中在项目的范围/使命上。战略必须统一，也就是说，战略、业务和运营必须保持一致，以实现目标。

**适应**（我们改变）——确保学习的速度等于或快于全球商业环境的变化速度。行动学习是通过做来弥补知行差距的学习，这是管理项目的精髓。在人才、人力资本和情商都必须处于最佳状态的重量级项目中，适应能力是最重要的。

在中等量级项目中，需求是适度的，但是适应的速度取决于个人的情感资本/才智。指派有才能的人力资本来管理轻量级项目是浪费时间和金钱的，因为如果挑战不够动态和复杂，那么有才华的管理者很可能会离开，加入另一家能够发挥他们能力的公司。

因此，目标、支持和系统必须同步并适应全球商业环境的变化以及全球化和技术的影响。

**优势**（我们改进）——通过精益六西格玛持续改进来提高和保持组织竞争力和行动优势。

必须调整结构以支持战略。持续的资源支持，加上高级管理层的高质量时间承诺是成功的通行证。企业应该毫不犹豫地投资善于管理、领导和创新的人才。

**预测**（我们检查）——检查项目经理和团队进行风险管理的计划。战略必须根据客户和市场需求的变化而变化。风险管理计划包括针对机会和威胁的风险应对策略。战略的变化将引发高层管理关注的需求的变化。沟通策略将引发沟通过程的变化。

例如，在组织危机期间，沟通过程通常是单向的。没有时间去思考，因为时间是最易消逝的资源。然而，在正常的变革管理过程中，有必要为利益相关者的参与预留时间。在没有得到利益相关者的充分支持和信任的情况下，强迫利益相关者接受新的关键绩效指标系统会引发不健康的组织政治感知。利益相关者会想方设法破坏新系统。

图3-20展示了整合式思维的九宫格解决方案。图看起来很复杂，但展示了该工具在现实世界中的应用。眼见为实，实践是有说服力的。我们只是为了证明，使用九宫格解决方案作为工具的整合式思维，以及8As流程，将实现思维的突破。

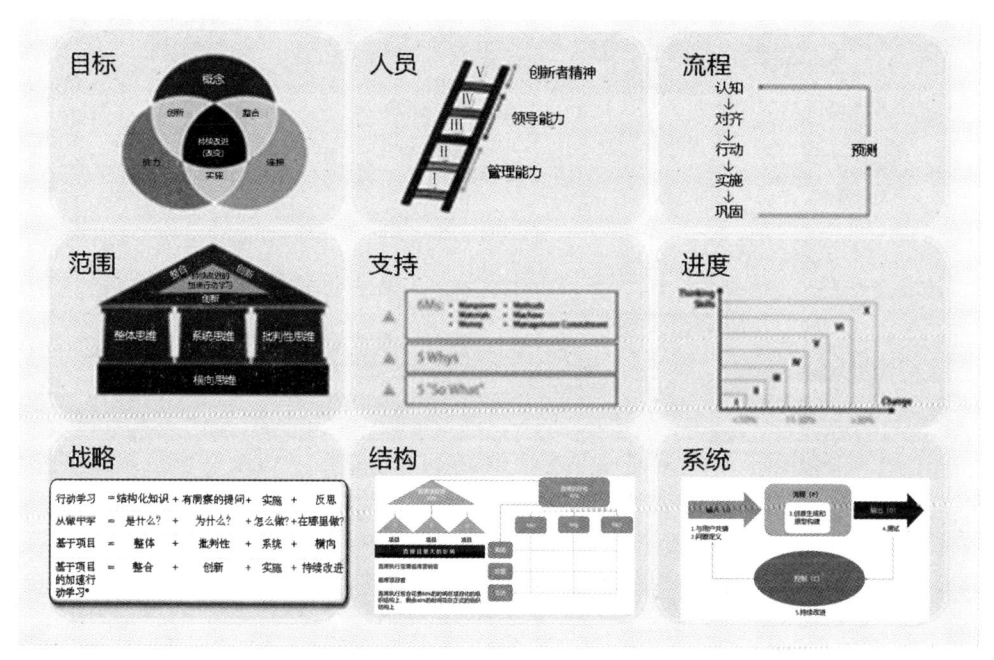

图 3-20　全方位整合式思维的九宫格解决方案

　　九宫格解决方案是一种通用工具，用于董事会会议、准备涵盖九个元素的培训内容以及现实世界中许多其他有目的的应用，这是一种快速而实用的检验整个覆盖范围的方法。

　　为了完成本章"如何培养设计思维"的路线图，图3-21将设计思维的所有元素整合在一起，整体思维、系统思维、批判性思维和横向思维——获得加速学习的全方位整合式思维。这是设计思维在测试阶段实现以用户为中心的价值创新的第三个工具（被称为设计思维和全方位整合式思维矩阵）。

| 设计思维 | 系统<br>(流程驱动) | 整体<br>(人员驱动) | 批判性<br>(实体世界驱动) | 横向<br>(战略驱动) | 全方位整合式<br>(利益相关者驱动) |
| --- | --- | --- | --- | --- | --- |
| 共情 | 认知 | 商业顾问和导师 | 概念图<br>设计思维和全方位整合式思维之家 | 蓝帽 | 价值观、使命和愿景引领 |
| 定义 | 对齐 | 关键利益相关者 | 九宫格解决方案<br>微笑曲线 | 黑帽 | 流程所有权 |
| 设想 | 行动 | 职业经理人教练 | 创新与运营能力模块<br>S-I-O-M模型 | 绿帽 | 基于项目的<br>加速行动学习© |
| 原型 | 实施 | 主要变革推动者 | GOT图，5个为什么和下一步 | 黄帽 | 克服变革的阻力 |
| 测试 | 巩固<br>适应 | 胜任的管理者 | 设计思维和全方位整合式思维矩阵，VUCA商业环境 | 白帽 | 最小化战略与执行的差距 |
| 执行 | 优势<br>预测 | 项目经理 | 项目管理计划 | 红帽 | 执行风险应对 |
| 用户为中心的价值创新 | 有效的控制 | 有效的规划 | 有效的决策 | 有效的同理心分析 | 有效的加速学习 |

图 3-21　设计思维与全方位整合式思维矩阵

价值创新与Kim和Mauborgne（2015，2017）的蓝海战略一致，如第二章图2-15所示。图3-22展示了实现价值创新的成功因素——如何在降低成本的同时增加价值。

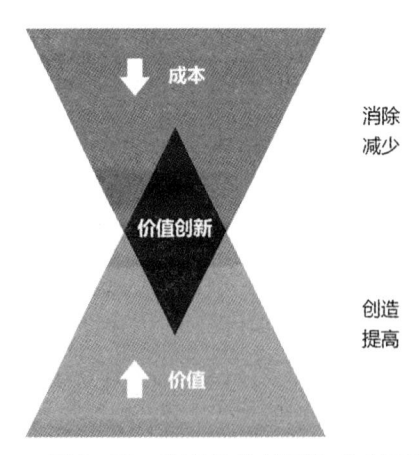

图 3-22　实现价值创新的成功因素

设计思维作为一个流程被整合到全方位整合式思维的8As流程中，以实现加速学习。

# 第四章　实施：谁是真正的设计思考者

　　设计思维是一种以人为本的价值创新方法，它从设计师的工具包中汲取灵感，整合了利益相关者的需求、技术的可能性和商业成功的要求。

——作者

# 导　语

技术统治世界。21世纪需要企业家转型为创新者才能生存。投资正确的技术对于保持可持续竞争力至关重要。创新者是优化了右脑（整体）和左脑（分析）的全脑型管理者，这种优化的结果是充实了四种类型的人力资本（见表4-1）。

表4-1　四种类型的人力资本描述

| 类　型 | 具体描述 |
| --- | --- |
| 智力资本 | 用于重新学习和获得新的、改进的知识，以保持对系统和流程的有效管理的竞争力，获取在成本、质量、速度、可靠的交付保证和灵活性方面的优势<br>真正的设计思考者具有专业能力 |
| 社会资本 | 用重新定义和重新发明更有效和更低成本的方式进行沟通、连接、建立关系网、培养关系和建立融洽关系，以发展更多跨国业务。VUCA商业环境中的领导层考虑并受益于跨文化项目的多样性<br>真正的设计思考者具有沟通能力 |
| 逆境资本 | 在无休止的重复竞争中保持领先性和弹性。克服全球化、技术和利益相关者期望变化带来的挑战和风险需要耐力<br>真正的设计思考者具有耐力 |
| 情感资本 | 以灵活、公正和开放的态度应对变化，并管理所有利益相关者之间的多元文化关系，包括来自不同区域和不同商业领域的利益相关者<br>真正的设计思考者具有适应能力 |

在未来，全脑型（全方位整合式）管理者取得成功的关键能力是：

- 设计思维概念的整合管理能力。
- 领导（设计思维 + 全方位整合式思维）能力。
- 连接创新者精神能力（技术力量）。

真实的设计思考者背后的概念、能力和连接解释如表4-2所示。

表4-2 设计思考者背后的概念、能力和连接

| 概念 | 产生产品/服务的前沿想法、设计或解决方案,为利益相关者创造价值 |
|---|---|
| 能力 | 利用流程和实体世界,为利益相关者提供将创意转化为创新解决方案的能力,以执行最高的世界级标准 |
| 连接 | 发起企业之间的人员联盟,发挥核心能力,创造商业价值,实现利益相关者的共赢,打开大门,拓宽视野 |

关键利益相关者是那些能够影响计划的成功或失败、项目绩效或设计思考者职业发展的人,这包括客户、供应商和销售商、最终用户、管理层、团队成员、赞助商和政府。善于管理利益相关者关系与价值是实现双赢的关键。

改变一个组织的文化是一项艰巨的任务,需要激情、耐心和以原则为中心的领导(Covey,1992)以及在管理变革的每个过渡阶段谨慎行事,这就是所谓的组织发展,或者称有计划的变革(Bridges,2017)。传统管理者需要转变为管理—领导—创新的全方位整合式思维的设计思考者,并具备整合、实施、创新和持续改进的能力。他们需要四种类型的人力资本来获得专业、交流、适应、耐力的能力。

- 智力资本
- 社会资本
- 逆境资本
- 情感资本

完成这项艰巨的任务需要转化资本,这种能力被称为扭转危机的能力。为了迎合VUCA经济的浪潮,对优秀设计思考者的要求被绘制成VUCA矩阵(见图4-1)。要成为真正的世界级企业,创新力量也是必不可少的。

| 横向思维 | 不稳定 | 不确定 | 复杂 | 模糊 | 全方位整合式 |
|---|---|---|---|---|---|
| 白帽（事实） | 分析导致瘫痪 | 360度评估 | 请咨询师 | 拖延 | 专业能力 |
| 红帽（情绪） | 尽管去做 | 逐步的方法 | 高管以身作则 | 培养关键的变革推动者 | 耐力 |
| 黑帽（悲观） | 威胁应对策略 | 增加风险补偿/应急计划 | 聘请风险管理顾问 | 整合4种风险类型（政治、文化、金融、市场） | 风险应对 |
| 黄帽（乐观） | 机会应对策略 | 增加预算利用机会 | 承担合理的风险，并控制在一定范围 | 高风险、高回报的心态 | 风险追求者 |
| 绿帽（创新） | 高效的增量创新 | 突破性创新 | 颠覆性创新 | 体验创新 | 持续改进 |
| 蓝帽（远见卓识） | 集成供应链管理 | 整合利益相关者期望管理 | 整合项目管理 | 全球外包 | 长期战略规划 |
| 结果 | 有远见 | 试图理解 | 制订清晰的计划 | 变得敏捷 | 更快、更好、更智能 |
| | 行动结果可预测 知识可用 | 行动结果不可预测 知识可用 | 行动结果可预测 知识不可用 | 行动结果不可预测 知识不可用 | 基于项目的加速行动学习 · 整合 · 实施 · 创新 · 持续改进 |

图 4-1 优秀设计思考者的 VUCA 矩阵

# 谁是真正的全方位整合式设计思考者

成功人士的晋升经历有如下几个阶段：

- 有能力的个人/技术人员（个人技能）。
- 有贡献的项目团队成员（人际技能）。
- 主管部门经理（管理技能）。
- 有效的战略业务部门/公司领导（组织技能）。
- 高管教练（管理、领导和创新技能）。

因此，一个真正的、专业的全方位整合式设计思考者是一个已经实现了管理能力（问题解决者）、领导力（变革专家）和创新者精神（商业机会主义者）的最佳融合的人。他迅速发展，从优秀走向成功（Collins，2001），而传统的管理者最多是一个内部企业家（Haller，2014）。

表4-3展示了真正的全方位整合式设计思考者和传统管理者之间的主要区别。

表4-3  全方位整合式设计思考者和传统管理者的区别

| 全方位整合式设计思考者 | 传统管理者 |
| --- | --- |
| 朝着梦想努力 | 为一家公司工作 |
| 认为富有是光荣的 | 认为富有是一种成就 |
| 不惜任何代价追求成功 | 热情追求成功，同时考虑成本 |
| 忠于设计目标 | 忠于双赢结果 |
| 被称为冒险家 | 被称为职业经理人 |
| 证明富有时会赢得尊重 | 获得同事的尊重 |

图4-2展示了当代真正的设计思考者的五个不同层次的技能，即全脑型（全方位整合式）设计思考者寻求卓越的自我发展路径。勤奋和努力是无可替代的。

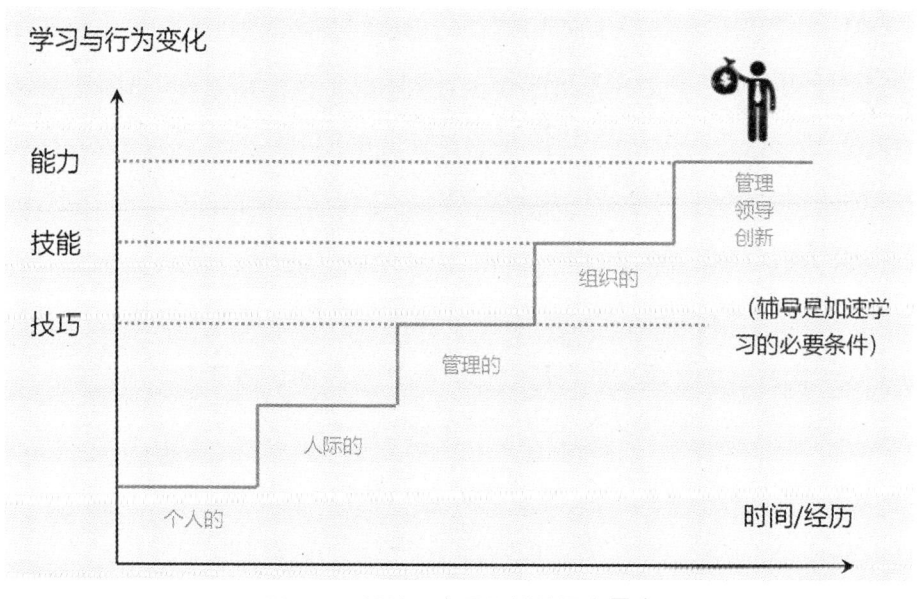

图 4-2  设计思考者技能的五个层次

# 敏捷的全方位整合式设计思考者的 T 技能

21世纪的到来让许多在制造业和服务业工作的婴儿潮时代出生的人感到意外。管理者不能依赖单一技能的经验来使自己成为专家或技术专家，更重要的是要拥有融合了硬技能和软技能的T技能。本章告诉我们什么是T技能，以及为什么它们与我们在工业4.0—5.0时代的VUCA商业环境中的就业或生存能力相关。

当新加坡在50年内（1965—2015年）从一个新兴工业化国家发展成为发达国家时，大约有4万名专业人士、管理人员、工程师和技术人员受到影响。当时，廉价劳动力和低技能工作已经转移到发展中国家，如印度、越南和印度尼西亚。专攻某一行业领域的管理者发现，没有足够的工作岗位来容纳全球化影响造成的劳动力过剩，因此，要进行工作转换。

为什么成为一个敏捷的全方位整合式设计思考者很重要？注重利益相关者关系与价值、以用户为中心的设计思维战略的最终目标是拥有在高绩效文化中的最高执行能力。自1969年项目管理协会在美国成立以来，执行能力已经发展了47年。世界级公司的执行能力发展经历了四个不同的阶段。如图4-3展示了执行能力从1.0到4.0的演进。

每个阶段都需要不同程度的领导力和管理风格。2020年以后，由于工业4.0—5.0时代的到来，执行能力将进入4.0阶段。技术是最不稳定的因素，公司在VUCA商业环境中的未来竞争力受到全球化的影响。

在20世纪70年代，执行能力1.0阶段项目的实施最重要，以满足按时、按成本和按目标交付的要求。项目管理通常委托给初级管理者。该项目必须在运营上具有战术可行性，同时在商业上具有财务合理性。

| 战略 | 管理项目的执行能力 | | | |
|---|---|---|---|---|
| | 1.0 | 2.0 | 3.0 | 4.0 |
| 流程 | 实施 | 整合 | 创新 | 持续改进 |
| 人员 | 初级管理者 | 初级和中级管理者 | 初级、中级和高级管理者 | 关键利益相关者（内部和外部） |
| 实体世界 | 更快 | 更好 | 更快、更好、更智能 | 更快、更好、更智能 |
| 管理方式 | 左脑 | 右脑 | 全脑 | 基于项目的加速行动学习© |
| 目的 | 流程驱动 | 客户驱动 | 敏捷驱动 | 人力资本驱动 |
| 年代 | 1970s | 1990s | 2000s | 2020s |

图 4-3　执行能力从 1.0 到 4.0 的演进

在20世纪90年代，执行能力2.0阶段的项目管理由中级管理者推动，由初级管理者支持，以获得所需的投资回报或提升内部回报率。因此，项目能够满足两个主要标准，即财务上合理和战术上可行。它们还必须与商业计划保持一致。

在新世纪，从2000年开始，执行能力3.0阶段到来，让初级、中级、高级管理者参与进来变得至关重要。项目化的组织结构提高了总生产率，节约了高达20%的成本。高级管理者对项目进行优先排序，以确保它们在战略上可接受，在财务上合理，在战术上可行。世界级组织的成功是通过他们交付不同复杂性、类型和规模的项目的执行能力来衡量的。

此外，企业平衡计分卡采用了以下几个指标进行评估。

- 在提升员工能力的同时，组织也在学习和成长。
- 持续改进内部业务流程，以实现更快、更好、更智能的成果。
- 提高客户满意度，从而更好地留住客户，扩大市场份额，维持和改善财务绩效，以保持竞争力。

21世纪20年代以后的执行能力4.0阶段,除了具有领导属性的高级管理能力之外,还需要第三个维度的能力,即创新。对于任何公司来说,在不久的将来,在技术驱动的经济中努力奋斗和迅速发展都是生存的关键。那些固步自封的人将自食其果。这强化了项目管理和行动学习作为敏捷的全方位整合式设计思考者的核心能力的重要性。

执行能力4.0阶段将要求更快、更好、更智能的商业绩效结果。这一切都是因为工业4.0—5.0时代带来的数字驱动技术,它把每个人都放在同一条赛道上。唯一真正的竞争优势是人力资本,但不是任何人力资本——设计思维人力资本将是最终的优势。机器人几乎可以取代一切,但不能取代敏捷的全方位整合式设计思考者的直觉判断力。这些人能够整合想法、战略和信息。他们可以实施不同复杂程度、类型和规模的优先计划和项目,利用精益六西格玛技术不断创新,并从专注到突破思维,产出超越世界级的绩效。

2010年的知识经济已经发展到2020年的概念经济时代,客户体验管理是成功的关键因素。公司不再销售产品和服务,而是销售解决方案。它们通过参与流程驱动的以用户为中心的体验管理来管理客户期望。

此外,20世纪的创新与运营能力模块被21世纪的创新与运营能力模块所取代。

- 通过技术进行整合。
- 通过以结果为导向的领导来实施。
- 为可持续的财务绩效进行创新。

这些能力模块可以结合设计思维和利益相关者关系与价值管理战略创造出卓越的产品和体验。

# 最高执行能力的五个创新与运营能力模块

为了通过实施正确的战略取得出色的业绩,世界上最受尊敬的首席执行官都有简单的战略,通过优化方案和项目组合的最佳组合,获得最高的执行能力。协调战略需要由合适的人员来执行,他们实施正确的流程,并利用正确的实体世界进行衡量。要做到这一点,组织必须将二个相关的支柱固定在一个坚实的地基上,并在适当的地方安装一个坚固的屋顶,如图4-4所示。

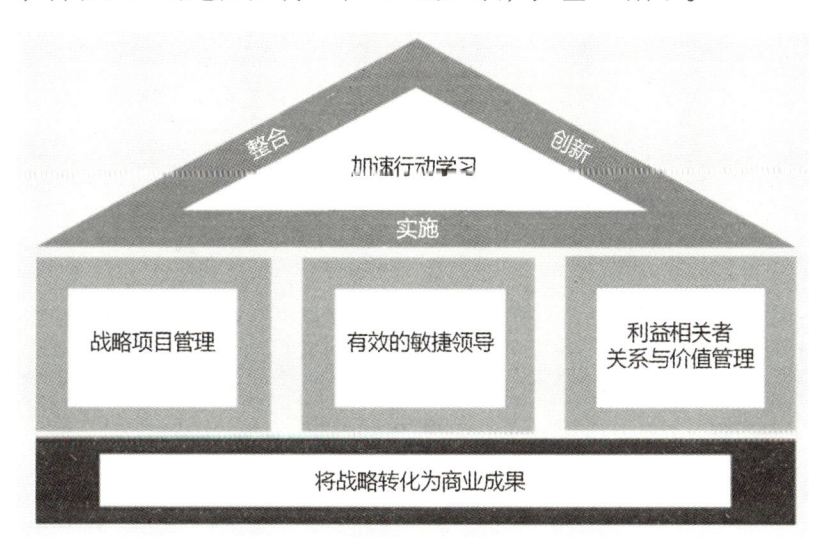

图 4-4　最高执行能力的五个创新与运营能力模块

- 将战略转化为商业成果——地基
- 战略项目管理——支柱1
- 有效的敏捷领导——支柱2
- 利益相关者关系与价值管理——支柱3
- 基于项目的加速行动学习©,使用管理—领导—创新工具加速学习——屋顶组织能力是通过不断学习、遗忘和再学习获得的。基于项目的加速行动学习©（边做边学）的必要性在于培养了个人的自我认知。团队合作具有倍增效应，有助于利益相关者的关系与价值管理。

所有这些都会推动自我发展中的加速学习，这将增强团队能力，作为组织能力提升的关键驱动力。从动态的视角来看，快速培养设计思考者的五种创新与运营能力模块可以用一座桥的形象来展示，如图4-5所示。

图 4-5　培养设计思考者五种创新与运营能力模块的方式

❖ 度量

通过将战略转化为一系列方案和项目的组合，弥合知行差距。必须将三个层次的管理（战略—业务—运营）结合起来，以达成一致。

项目平衡计分卡（按成本、速度、质量交付）需要与企业平衡计分卡（学习与成长、内部业务流程、客户满意度、财务绩效）集成。

需要谨慎地监控战略实施差距，以确保持续的成功。

## ❖ 制定战略

战略项目管理整合了战略—业务—运营管理层面，专注于以下方面的一致战略。

- 以最低成本实现卓越运营。
- 生产最佳性能的产品以保持领先地位。
- 关注最佳解决方案的客户体验。

这与最高执行能力的设计思维采用流程的结果不谋而合，具备以下能力有助于实现这一结果：

- 个人设计思考者的执行能力。
- 设计思考者团队的卓越执行力。
- 建设高绩效文化或"我们的工作模式"的组织能力。

这带来了项目管理作为非常规工作的通用语言的最终优势。

## ❖ 实施

敏捷领导力适用于跨国界、跨组织和跨职能部门，在具有文化多样性的国际商业舞台上运作。

大多数变革的阻力来自中层管理者。问题的根源不在于变革管理，而在于个人的自我认知、自我发展、自我管理和利益相关者关系与价值管理。转型变革管理关注流程。我们无法一夜之间改变一个人的性格或行为，但我们可以改变流程，以获得受影响者的认同。领导意味着改变，而改变始于个人的自我发现。有了个人的支持，实施转型变革的流程将面临更少的阻力，而且会更顺利、更快。

以用户为中心的设计思维战略的利益相关者关系与价值管理为积极的、中立的和消极的利益相关者创造了三赢。

以三赢的心态来管理利益相关者的利益，可以最大限度地减少政治性行为。利益相关者关系与价值管理有其内在的复杂性，必须用脑、用心来处理。超越组织政治感知的能力始于对以人为本的绩效的自我评估和自我决定，这将产生可持续的团队合作。

洞察有效的利益相关者关系与价值管理是个人、团队和组织（内部和外部）成功的关键。

❖ 落地

敏捷的全方位整合式设计思考者的10个工具如下：

- 整合的整体思维。工具包含：
- 概念图——创建想法的强大工具，可确保关键要素在战略上契合，即战略必须由适合正确流程的正确人员支持，并且他们必须利用正确的实体世界。
- 九宫格解决方案——更详细、更强大的工具，用于处理战略项目的9个基本元素。确保它的目标（为什么）是确定的，并涉及人员（谁），同时要注意流程（方式）、范围（是/不是）、支持（什么）、进度（什么时候）、战略（如何达到目的）、结构（如何组织）以及系统（如何衡量）。
- 微笑曲线——简单而直观的工具，用来展示产品、服务和解决方案的相对增值的贡献。这适用于大多数项目来比较其效益和盈利能力。

- 实施的系统思维。工具包含：

-8As 流程——利益相关者沟通的重要工具。沟通始于创造认知，然后是行动前的对齐，而实施对沟通至关重要，因为我们需要通过沟通来获得利益相关者的支持。巩固是成功执行战略沟通的最后一步。在预测变化/风险时，必须有一个控制和反馈循环。最后3个A是适应、优势和预测。

-S-I-O-M 模型——这个简单而有效的工具可以确保工作始终在正确的水平上运行。S-I-O-M 代表战略—实施—落地—度量。战略制定的输出是一个战略。该战略被转化为实施项目。一个项目成功运作的结果就是它的商业成果。然而，除非 S-I-O-M 模型使用平衡计分卡来度量战略是否被成功执行，否则这是不完整的。

-闭环系统图——简单而有效的解决问题的工具。它就像一个输入—处理—输出的流程一样简单，首先必须决定输出，然后再寻找实现增值/转换的替代方法，将输入转换为期望的输出。系统图必须是闭环的，以监控差异，确保其保持在所需的阈值限制内。

- 创新的批判性思维。工具包含：

-设计思维与全方位整合式思维之家——行动学习工具，使用能力屋来评估基本能力、必须具备的能力以及最终目的和核心能力。它必须是独特的、可扩展的，并且很难被竞争对手模仿。

-创新与运营能力模块——先进的行动工具，通过将学习分为五个阶段(初学者、学习者、专业人员、专家、大师）来加速学习。

-设计思维与全方位整合式思维矩阵——右脑和左脑工具，用于确定四种思维类型及其结果，是一个现代战略项目管理工具。

-知—做—教—导循环——一种加强持续学习和加速轻量级、中等量级和重量级项目领导力发展的工具，如图4-6所示。

图 4-6　知—做—教—导循环

# 结　语

在以14种全球化力量为基础的瞬息万变的国际商业世界中，生存的关键是可持续竞争优势战略的执行速度。全球转变不在于蓝海战略有多好，而在于该战略在多大程度上能够比竞争对手更快、更好、更智能地成功执行。敏捷的全方位整合式设计思考者的T技能就是通过开发硬技能和软技能来优化左右脑，以获得最高的执行能力。图4-7展示了实现最佳价值的三种连贯战略，图4-8展示了价值创新的四种战略。

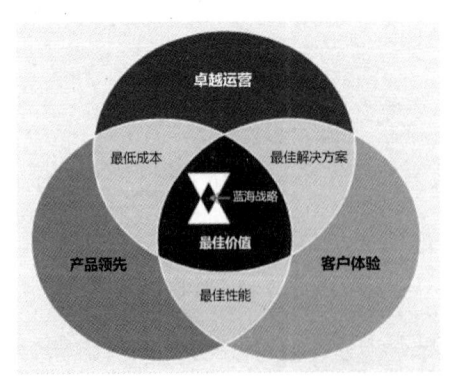

图 4-7　实现最佳价值的三种连贯战略　　图 4-8　价值创新的四种战略

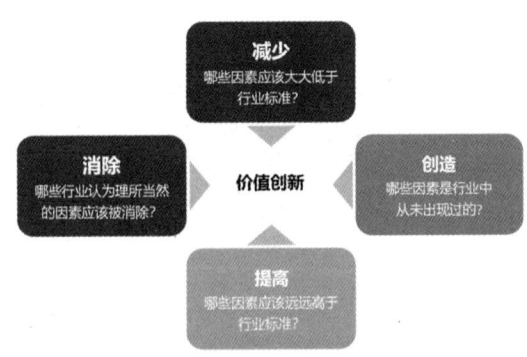

# 第五章 巩固：在哪里加入设计思维

设计思维始于确定客户或最终用户的痛点。如果不确定问题的根源，设计思维就会从错误的一端开始，并在错误的道路上结束。

——作者

# 导　语

机不可失，时不再来。千里之行，始于足下。行动学习将应用于如何让所有敏捷的全方位整合式设计思考者的核心能力产生倍增效应的启发式解决方案。基于项目的加速行动学习©公式如图5-1所示。

| | | | | | | | | |
|---|---|---|---|---|---|---|---|---|
| 行动学习 | = | 结构化知识 | + | 有洞察的提问 | + | 实施 | + | 反思 |
| 从做中学 | = | 是什么 | + | 为什么 | + | 怎么做 | + | 在哪里做 |
| 基于项目 | = | 整体 | + | 批判性 | + | 系统 | + | 横向 |
| 基于项目的加速行动学习© | = | 整合 | + | 创新 | + | 实施 | + | 持续改进 |

图 5-1　基于项目的加速行动学习©公式

## 设计思维能力的结构化知识是什么

结构化知识由5个创新与运营能力模块组成（见表5-1）。

表 5-1　结构化知识的 5 个创新与运营能力模块

| 类　型 | 内　　容 |
|---|---|
| 地基 | 将战略转化为商业成果，以扭转危机，增强耐力和技术力量 |
| 三大支柱 | 发挥专业能力的战略项目管理 |
| | 发挥适应能力的敏捷领导 |
| | 发挥沟通能力的利益相关者关系与价值管理 |
| 屋顶 | 基于项目的加速行动学习©，使用管理—领导—创新工具加速学习 |

# 为什么需要了解创新与运营能力模块

图5-2到图5-6展示了每个能力模块的五个为什么。第四章中的图4-4展示了最高执行能力的五个创新与运营能力模块。

| 为什么要了解？ | 为什么它作为核心能力至关重要？ | 为什么项目管理是就业能力的通行证？ | 为什么我们必须现在学习？ | 为什么这些好处是长期的？ |
|---|---|---|---|---|
| 战略项目管理是非常规工作的通用语言，以结合精益六西格玛实现更高的生产力，从而持续改进。 | 由于计划清晰，在战略项目管理过程中，个人能力通过协同作用提升团队能力。 | 哈佛商学院和斯坦福商学院已经证明，基于项目的加速行动学习©是提高领导力质量和有效性的关键。 | 培训和发展员工需要时间，以不断提高整合、实施和创新能力，从而提高组织的执行力。 | 为了在工业4.0—5.0时代中生存和竞争，成功的战略项目管理对于应对VUCA商业环境的变化至关重要。 |

图 5-2　战略项目管理的五个为什么

| 为什么要了解？ | 为什么它对我们的核心能力至关重要？ | 为什么领导力是就业能力的通行证？ | 为什么我们必须现在学习？ | 为什么这些好处不是长期的？ |
|---|---|---|---|---|
| 如果没有完全的自我认知，怎么能提高领导素质和管理风格？ | 敏捷领导是独特的、可扩展的、难以模仿的，基于项目的加速行动学习©是加速有效敏捷领导转变的关键。 | 领导力有5个层级。了解现在的水平可以激发自我发展的需要，以确保未来的晋升和就业能力。 | 从传统的领导方式到敏捷的领导方式、世界级的管理风格以及与创新者精神的融合，都需要时间来有效培养并达到成熟水平。 | 敏捷领导必须适应不断变化的业务需求管理，以保持相关性，并树立创新者精神以维持增长。 |

图 5-3　有效的敏捷领导的五个为什么

| 为什么要了解？ | 为什么它对职业发展至关重要？ | 为什么利益相关者关系与价值管理是成功的关键？ | 为什么要发展利益相关者关系与价值管理？ | 为什么有这么大的好处？ |
|---|---|---|---|---|
| 关键的利益相关者是任何可以影响我们努力成败的人。利益相关者关系与价值管理是打开商业机会窗口的关键。 | 人脉或社会资本对组织和职业成功至关重要。影响成败的不是你认识的人，而是认识你的人。 | 与正确的利益相关者建立关系，管理他们的期望和关系，将带来全球商业机会和利润可观的企业可持续增长。 | 培养和发展社会资本或沟通通能力以赢得内外部利益相关者的心是需要时间的。管理者90%的职责是沟通。 | 利益相关者关系与价值管理的最终优势将建立和谐的关系，在文化多样性的情况下赢得全球业务。 |

图 5-4　利益相关者关系与价值管理的五个为什么

| 为什么要了解？ | 为什么它对商业成果至关重要？ | 为什么它对未来的能力至关重要？ | 为什么现在了解S-I-O-M模型至关重要？ | 为什么这些好处令人信服？ |
|---|---|---|---|---|
| 只有通过将投资转化为优先的商业风险计划组合，成功执行财务合理和战术可行的项目时，战略才是好的。 | 度量公司最终绩效的标准是个人（能力）、项目团队（能力）和组织绩效执行能力（文化）的贡献。 | 未来竞争力是指如何在颠覆性创新的时代整合、实施和创新，并持续改进以获得可持续的、有竞争力的商业成果。 | 将三个管理层次的战略业务和运营计划的能力和技能统一起来并不容易，掌握S-I-O-M模型将战略转化为商业结果，用企业平衡计分卡和正确的关键绩效指标进行监控是至关重要的。 | 所有的组织都需要成长和改变才能生存。可持续财务绩效的显著效益是提高客户满意度，改善内部业务流程，加快设计思维的行动学习与创新必须优化人力资本。 |

图 5-5　将战略转化为商业成果的五个为什么

| 为什么要了解？ | 为什么它对培养创新者至关重要？ | 为什么它对持续就业至关重要？ | 为什么我们现在必须了解？ | 为什么这些好处是无价的？ |
|---|---|---|---|---|
| 我们正步入工业4.0—5.0时代——充满不确定性挑战的颠覆性创新时代。 | 创新者是指能够借助技术将复杂的、难以执行的战略转变为简单可行的战略，从而生产出适销的产品、服务及解决方案的人。 | 对于创新者来说，就业能力不会是一个挑战，因为他们有能力将战略转化为商业计划，通过成功地实施项目，实现按质量、按成本、按速度、按范围交付。 | 在整合、实施、创新、持续改进方面，需要时间来培养转变战略、业务与项目联系起来的能力。 | 管理、领导和创新的10个工具旨在提高人才在前所未有的VUCA商业环境中整合、实施和创新的T技能。 |

图 5-6　加速行动学习的五个为什么

正如在第一章和第二章中所讨论的,战略取决于由"对的人员"驱动的"对的流程",以及由"对的实体世界"驱动的实施速度。

在工业4.0—5.0时代中,情况正好相反,即技术推动流程,让人们失业——这就是现实。敏捷的全方位整合式设计思考者必须比人工智能或智能机器/工厂更智能,即拥有设计思维人力资本。

设计思维以用户为中心的利益相关者关系与价值战略公式如下:

以用户为中心的设计思维=实体世界驱动+流程驱动+人员驱动

利益相关者关系与价值战略=独特的、可扩展的、难以模仿的=为实现加速学习的基于项目的加速行动学习©=智力—社会—情感—逆境—变革—专业—沟通—适应—耐力—危机—转机

图5-7展示了用于管理—领导—创新的设计思维的10个工具。

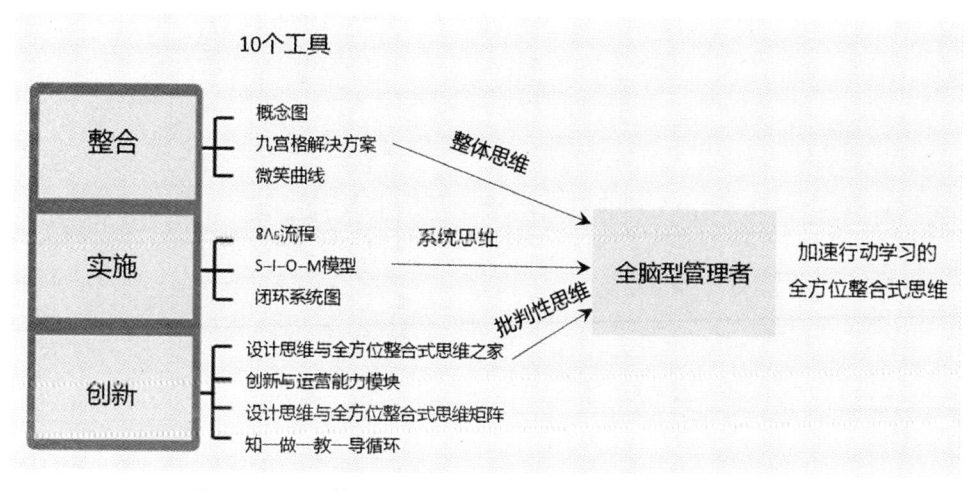

图 5-7 用于管理—领导—创新的设计思维的 10 个工具

图5-8展示了将四种思维技能连接到设计思维和全方位整合式思维矩阵,绘制出的战略匹配图。设计思维战略必须与全方位整合式思维协同工作,以产生影响和协同效果。

| 横向思维 | 整体<br>(人员) | 系统<br>(流程) | 批判性<br>(实体世界) | 设计思维<br>(战略) | 全方位整合式思维<br>(能力) |
|---|---|---|---|---|---|
| 白帽 | 财务经理 | 行动<br>(构思) | 企业平衡计分卡 | 客户需求和期望 | S-I-O-M模型；<br>8As流程 |
| 红帽 | 敏捷领导者 | 实施<br>(原型) | 领导力的5个层级 | 客户体验、痛点 | 微笑曲线；<br>知—做—教—导循环 |
| 黑帽 | 商业风险顾问 | 预测<br>(评估) | 企业范围的<br>风险应对计划 | 容忍失败 | 5个为什么<br>5个下一步是什么<br>转折点 |
| 黄帽 | 市场经理 | 巩固（测试）<br>适应（执行） | 商业和营销计划 | 实验设计；<br>精益六西格玛 | GOT图；组织成熟度<br>模型与成长阶段 |
| 绿帽 | 教练和导师 | 对齐<br>(定义) | 计划和项目管理规划 | 蓝海战略<br>的价值创新 | 九宫格解决方案、全<br>方位整合式与VUCA矩<br>阵、训练的5个组成<br>部分 |
| 蓝帽 | 项目经理 | 认知<br>(共情) | 战略管理计划；<br>企业的价值观、<br>使命和愿景 | 利益相关者<br>关系与价值管理 | 概念图 |
| 结果 | 管理<br>(整合) | 领导<br>(实施) | 创新<br>(创新) | 以用户为中心<br>(教诲) | 人力资本<br>(持续改进) |

图 5-8　四种思维技能连接到设计思维与全方位整合式思维矩阵的战略匹配图

# 五个创新与运营能力模块如何提升个人、团队和组织——工作坊介绍

❖ 地基：将战略转化为商业成果的项目

这是一个24小时的运营层面设计思维的基础工作坊。

**课程目标**

90%的战略失败发生在实施过程中。这是因为每个组织、每个管理者和我们每个人在某个时间点都需要制定战略—实施—落地—度量，从而在战略、业务和运营层面上制定连贯一致的战略。本次工作坊将探讨阻碍战略成功执行的

一系列问题。它提供了逐步的方法来克服将战略转换为优先项目以获得所需的商业成果的阻碍。成功实施的平庸战略比实施不力的优秀战略更有益。

### 课程水平

培训和发展从初级到中级管理者的设计思考者。

### 培训对象

初级和资深经理、项目经理和团队成员、主管、职能和支持部门经理，他们负责执行战略以实现目标。

根据部门、团队和个人的相关关键绩效指标，通过项目的完成程度来衡量战略是否被有效执行。

### 能力构建与价值创造

本课程的重点在于培养21世纪的设计思维能力，以确保从战略层面开始的战略被串联到业务层面，并与运营层面相联系。

这一基于能力构建的24小时强化课程有三个主要的SMART（具体的、可衡量的、可分配的、现实的、时限）目标。

- 提升基于项目的行动学习者的执行能力。
- 分享与成功执行战略相关的领导风格。
- 确保学员掌握如何开发战略平衡计分卡的实践经验。

### 内容纲要

把战略管理知识从理论转化为有效的实践。

1. 理解价值观（我们相信什么）、使命（我们为什么存在）和愿景（我们想成为什么）在制定专注于组织执行的核心能力的连贯战略时的重要性。

2. 理解清晰规划的必要性，将连贯战略转化为优先项目，从而利用团队合作，按时、按成本、按质量和按规格交付成果。

3. 理解正确的团队组成的重要性，这取决于项目不同的组合、类型、程度和能力深度的规模和复杂性。

**课程概述**

工作坊有以下重要阶段：

1. 制定战略——制定正确一致的战略。

2. 实施——通过将战略转化为项目来实施这个连贯战略。

3. 落地——获得卓越的商业成果。

4. 度量——使用平衡计分卡来度量战略的成功实施。

1. 制定战略

1.1 制定一致的战略需要确定战略执行中的关键成功因素，即规划清晰、将战略转化为可实现的目标、资源的优先次序以及在正确的管理支持下的卓越执行。

1.2 阻碍战略成功执行的障碍有四个，即战略规划不充分、战略决策速度慢、环境不稳定、组织响应速度慢。

1.3 战略规划的整体方法是使用八种成熟的集成工具来制定连贯战略。

1.4 学员使用公司的真实案例进行案例演示和行动学习实践。

2. 实施

2.1 连贯战略成功的有效性由企业平衡计分卡来度量，这包括创新和增长、内部业务流程、客户体验和可持续的财务绩效。

2.2 将战略转化为优先项目需要经过八个阶段，即战略、领导、结构、文化、能力、组织发展、沟通和技术。

2.3 执行原则对于项目的成功完成至关重要。项目领导伴随着责任，即完成工作的过程所有权，而不考虑管理层的资历。执行能力要求组织创造一种共同的工作语言。技术提高了执行速度。

2.4 通过项目成功执行战略有三种领导类型。

- 轻量级项目的团队领导。
- 中等量级项目的变革型领导。
- 重量级项目的真诚领导。

领导力对于激励和带领团队实现扩展目标至关重要。

3. 落地

3.1 人力资本开发在将战略转化为行动优势方面的有效性通过关键绩效指标来度量，关键绩效指标反映了个人和团队可实现的目标，并与连贯战略保持一致。

3.2 确保实现收入增长、流动性和盈利性的商业成果有八个关键流程，即认知、对齐、行动、实施、巩固、适应、优势和预测，以努力发展，实现目标。

3.3 在S-I-O-M模型中，人们行为的一致性是实现高绩效文化的主要成功因素。价值观驱动行为，行为驱动结果。

3.4 在项目化组织/战略管理办公室的支持下构建连贯的战略路线图，以减少冲突，消除沟通障碍，从而实现最高执行能力。

4. 度量

4.1 人力资本开发在将战略转化为行动优势方面的有效性通过关键绩效指标来度量，关键绩效指标反映了个人和团队可实现的目标，并与连贯战略保持一致。

**培训与发展成果**

你从中学到了什么？你将做哪些不同的事情来提高组织能力，从而比竞争对手更快、更好、更智能地执行连贯战略？图5-9展示了用于将战略转化为商业成果的S-I-O-M（战略—实施—落地—度量）模型。

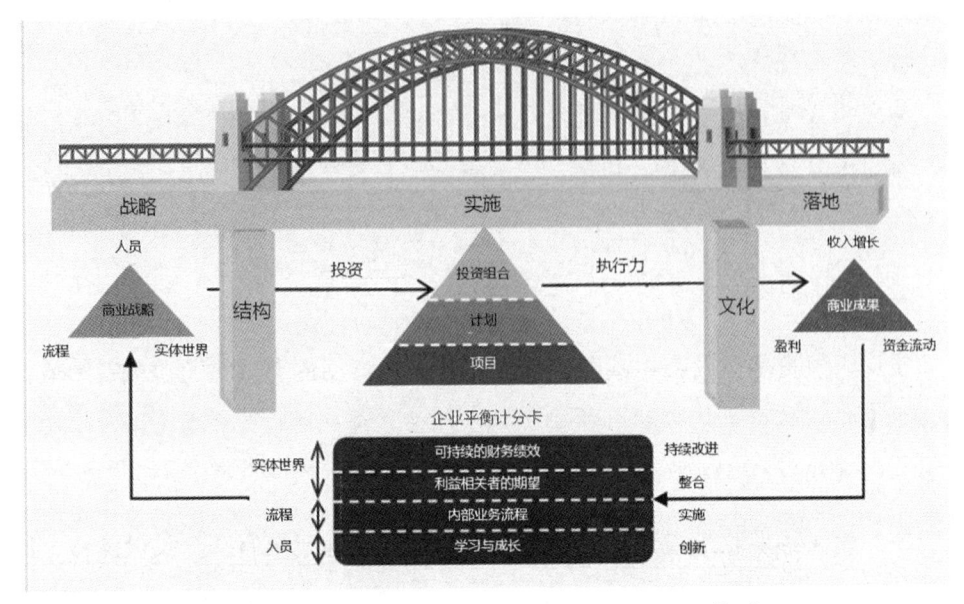

图 5-9 将战略转化为商业成果的 S-I-O-M 模型

## ❖ 支柱一：战略项目管理

这是一门24小时的能力强化课程。

**课程目标**

本课程旨在使有抱负的设计思维专业人士和管理者具备有效管理项目的相关知识和技能。它基于项目管理协会最新的美国国家标准，并融合了利益相关者关系与价值管理。

本课程的讲师是成功的行业从业者和认证的项目管理专家，他们拥有丰富的行业经验和教学经验，能够在项目管理实践中将他们的经验联系起来。

**课程水平**

培训和发展初级和中级管理者的设计思维能力。

### 培训对象

希望更好地理解有效的战略项目管理原则的初级和中级管理者。之前没有接受过在实践中详细理解成功的战略项目管理的培训的项目团队成员、项目利益相关者或项目经理。

### 能力构建与价值创造

本课程的重点在于培养21世纪的设计思维能力，以确保战略从战略层面过渡到业务层面，并与运营层面相联系，从而实现真正的连贯性。

本课程有三个主要的SMART目标：

- 在项目管理中用全方位整合式思维强化设计思维战略。
- 分享与成功执行项目相关的领导风格。
- 确保学员掌握如何开发项目平衡计分卡的实践经验。

### 内容纲要

把战略项目管理知识从理论转化为有效的实践。

- 战略项目管理最佳实践的关键概念、术语和原则。
- 对十个项目管理知识领域进行结构化的综合审查，将战略、业务和运营层面联系起来。
- 完全理解现代战略项目管理工具和技术。

### 课程概述

- 项目集管理——验证和确认周期。
- 项目范围管理——启动、计划、定义、检验和控制变更。
- 项目时间管理——活动定义、排序、持续时间估计、进度开发和控制。
- 项目成本管理——资源规划、成本估算、预算和控制。
- 项目质量管理——质量规划、确保和控制。

- 项目人力资源管理——组织规划、员工招聘、团队发展和团队绩效管理。
- 项目沟通管理——沟通规划、信息发布、绩效报告、项目行政收尾和经验教训记录。
- 项目风险管理——风险管理规划、风险识别、定性和定量风险分析、风险应对规划和监控。
- 项目采购管理——采购计划、实施采购、合同管理和采购收尾。
- 项目负责人的职业责任、道德规范和行为准则。

**培训与发展的成果**

- 在所有关键利益相关者中建立对项目目标的认识和一致性。
- 考虑三重约束和基线，定义和组织项目。
- 整合和协调范围、时间和成本管理，以实现有效控制。
- 综合考虑质量、人力资源、沟通、风险、采购和利益相关者关系与价值管理，制订项目管理计划。
- 整合和协调八个要素，以确保项目的成功执行，即满足利益相关者的期望和项目要求。
- 开发监控系统，将项目的八个要素管理控制在项目平衡计分卡的范围内。

**培训与发展的成果**

你学到了什么？你将采取哪些不同的做法来提高你在有效的项目战略管理方面的能力？这对实现超越世界级的业务绩效的个人能力、团队能力和组织能力有何影响？

❖ 支柱二：有效的敏捷领导

这是一门24小时的敏捷行动学习领导力发展的课程。

**课程目标**

大多数领导力课程强调领导力的原因和内容，即无形资产。本课程侧重敏捷领导的人员和方式，即可衡量的有形资产。"我们只能改善或管理可以衡量的东西"的基本原理是本课程的主要目标。

**课程水平**

培训和发展从初级到中级管理者的设计思考者。

**培训对象**

初级和经验丰富的管理者、主管、职能部门和支持部门经理，他们需要并渴望提高他们的敏捷领导能力，以更好地领导高质量的项目，实现最高的组织绩效。

**能力构建与价值创造**

工作坊后的能力构建与价值创造是对参与者的持续行动学习，他们将通过利用实时战略以不同的方式发展潜在的领导者、建立团队和变革组织。工作坊期间的培训收获将使敏捷领导真正发挥作用。

**内容纲要**

认识到整体管理对于整合人员、流程、实体世界和创新的重要性。成功执行战略的系统管理的当务之急是确保实施单一来源的监控。但这仍然是不够的，除非敏捷领导能够使用关键的管理能力来做决定。

关键管理是一个连接创新、整合和实施的过程。这是最难教的，但为了不拖延决策，这也是最重要的。一个组织的文化在成熟之前需要经历领导力培训和发展的阶段。这要求一个组织从学习型组织发展成为行动型组织、教学型组织，最终成为教练型组织。

你将学习组织设计的五个创新与运营能力模块，利用组织的价值观、使命和愿景来提升员工的能力。你还将了解领导者如何通过发挥自己的优势来实现组织绩效文化，从而实现知识的交叉融合。

**课程概述**

工作坊通过真实的案例演示和真实的工作场所进行自我分析。

1. 系统管理对于帮助敏捷领导者提升管理效率的重要性。

1.1 每个敏捷领导者学习风格的自我认知。

1.2 具有21世纪管理技能的敏捷领导者的特质和属性。

1.3 重新定义高效敏捷领导者的七个习惯。

1.4 从有能力的个人到执行教练的五个层次变化。

1.5 符合组织价值观的领导行为类型。

1.6 如何将组织的价值观转化为敏捷领导力发展平衡计分卡的可衡量关键绩效指标。

2. 结果驱动型敏捷领导者的整体管理的必要性，即关注那些对业务绩效影响最大的关键领域。这就需要有一个大局思维来"跳出框"思考(横向思维)。

2.1 敏捷领导特征从管理轻量级项目到中等量级项目，最终到重量级项目的七个变化阶段。

2.2 理解在管理不同类型和复杂性的项目时扮演不同角色和职责的重要性。

2.3 如何使用情景领导来平衡各利益相关者的竞争需求，使冲突最小化。

2.4 如何通过有效利用软硬领导技能来整合人员、流程和实体世界，即成为一名敏捷的全方位整合式领导者/设计思考者。

2.5 如何确保战略的成功执行，以通过结果驱动的敏捷领导实现所需的结果，并使用领导质量平衡计分卡来度量。

**课程成果**

你从中学到了什么？为了提高你的敏捷领导力，你将采取哪些不同的措施来影响个人能力、团队能力和组织能力，以实现超越世界级的商业绩效？

## ❖ 支柱三：利益相关者关系与价值管理

这是一个24小时的强化培训和发展的工作坊。它将建立在你的自我认知、自我管理、自我发展和利益相关者关系与价值管理的基础上，利用你的优势满足利益相关者对互惠互利的期望。

**课程目标**

关键利益相关者是对你的努力的成败有影响的人。你的努力可以是项目、倡议、职业、执行战略，也可以是与客户、同事、下属或上级的关系。平衡各种利益相关者的关系网通常会产生权衡取舍。聪明的管理者会影响他们绩效的权衡。明智的管理者会确保权衡的结果以最高的生产力实现所有人共赢。

**课程水平**

培训和发展从初级到中级管理者的设计思考者。

**培训对象**

任何经常与内部和外部不同文化的利益相关者打交道的人，包括项目和计划经理、发起人、职能部门和支持部门经理、技术人员、专业人员，如果他们缺乏在推进项目、执行战略、改变管理举措或晋升到管理职位方面获得合作和支持的知识和技能，就会受到阻碍。

**能力构建与价值创造**

本课程侧重于培养初级到中级管理者的软技能，使他们能够出色地处理利益相关者的持续支持，并通过有效地与利益相关者合作实现双赢结果，影响他们努力实现项目/计划的最高生产力。

**内容纲要**

1. 理解利益相关者参与和影响的必要性，以便有效地（做正确的事）和高效地（正确地做事）完成工作。

2. 通过制定利益相关者战略，在成功的项目中发挥他们的力量和影响力，并实现利益相关者的期望，充分发挥为职业发展积累正能量的重要作用。

3. 认识到拥有正确的人员、流程和实体世界对于成功执行利益相关者战略的协同作用，从而产生多方向的合作。

4. 精心制订战术上可行的利益相关者管理计划，以实现双赢。

**课程概述**

基于项目的加速行动学习©的24小时行动学习工作坊涵盖了利益相关者关系与价值管理的六个关键知识领域。

1. 什么是利益相关者关系与价值管理？

利益相关者关系与价值管理是对人和关系的管理。它是360度系统的同义词，即从自我开始，然后是同事、下属、上级和客户。自我认知要求一个人通过"看—想—规划—做—反思—做"来进行自省，以便迅速采取纠正措施，其重点是将优势最大化。

2. 为什么利益相关者关系与价值管理至关重要？

利益相关者关系与价值管理始于清晰的规划，以实现你的战略意图。它包括精心组织，以实现有效和高效的投入。你应该认识到利益相关者的期望，引导和影响他们的需求，并在他们的需求范围内监控风险。它还包括协调优化资源以满足利益相关者的需求。

四个元素至关重要。

- 逆境商数
- 情感商数
- 社交商数
- 智力商数

3. 什么时候利益相关者关系与价值管理不可避免？

组织的生命周期是不可避免的。每个周期将取决于首席执行官的任期长短。每当一个新的首席执行官被任命时，当积极的影响和能量压倒消极的影响和能量时，组织的不稳定就会从高峰共振到稳定。

4. 如何应对组织转型和发展？

有七个步骤来应对组织转型和发展，从而产生积极的变化。学员将进行案例分析。

5. 谁是关键的利益相关者？

有六种不同的类型。每种类型都将被详细讨论，并通过案例分析来强调哪种类型是最重要的。

6. 哪里的组织变革最剧烈？

组织变革随时随地都在发生。要想成功，一个人需要四种力量——专业能力、沟通能力、适应能力和生存能力。

拥有以上全部力量的人将成为利益相关者关系与价值管理中的赢家，在组织转型变革中努力奋斗。

**课程成果**

你从中学到了什么？你将采取哪些不同的措施来优化对个人能力、团队能力和组织能力产生影响的利益相关者关系与价值管理，以实现超越世界级的商业绩效？

### ❖ 屋顶：管理、领导和创新的 10 个工具

这是一个 24 小时的行动学习工作坊，通过真实案例演示和动手实践，涵盖了三种能力的结果。

**课程目标**

在这个不稳定和快速变化的商业环境中，现代管理流程和实体世界有助于组织实现其战略、业务和运营目标。项目用于促成变革，并允许组织有效地实施新战略。无论是什么产品或服务领域，战略、业务和运营能力都需要一种整体方法来解决复杂而紧迫的管理问题。鉴于这种受全球化影响的商业环境，管理者需要改进和强化他们的实体世界，以获得最高的执行能力。他们需要确保战略层面的战略在业务和运营层面得到转化和成功实施，以实现可持续的商业成果。

**课程水平**

培训和发展从初级到中级管理者的设计思考者。

**培训对象**

需要提升能力以持续改进管理的经理、主管、职能部门经理和支持部门经理。工作坊将帮助他们提高生产力，并为其组织创新价值。

本工作坊也适用于已经晋升但需要将战略要求转换和连接到商业目标，并最终通过价值创新，消除、减少、创造和提高门槛的蓝海战略实现商业成果的项目经理和中层管理人员。

**能力构建与价值创造**

本能力培训和发展课程侧重于提高基于管理、领导和创新的 10 个工具的设

计思维和行动学习技能，以实现最高的组织绩效，即如何在战略、业务和运营方面不断完善、重新学习问题解决和改进。

**内容纲要**

学习10个管理、领导力和创新工具，以提升：

1. 整体思维：通过整合想法、流程和产品/营销组合进行有效规划。
2. 系统思维：通过将战略转化为成功实施的优先项目来实现有效控制。
3. 批判性思维：通过创意、流程、产品/营销组合的创新进行有效决策。

这三种能力对于工业4.0—5.0时代（即2020年以后）中的可持续业务增长至关重要。

**课程概述**

该工作坊通过真实案例演示和动手实践，涵盖了三种能力的结果。

1. 整合的整体思维。工具包含：

1.1 概念图——用于创建一个想法的工具，以确保关键元素在战略上是合适的，即战略必须由适合正确流程的正确人员支持，并经过培训利用正确的实体世界。

1.2 九宫格解决方案——更详细、更吸引人的工具，涉及战略规划的九个基本元素。它涵盖了目标（为什么）、人员（谁）、流程（方式）、范围（是/不是）、支持（什么）、进度（什么时候）、战略（如何达到目的）、结构（如何组织）以及系统（如何衡量）。

1.3 微笑曲线——展示产品和服务增值的相对贡献。适用于大多数项目，以比较其效益和盈利能力。

2. 实施的系统思维。工具包含：

2.1 8As流程——利益相关者沟通的重要工具。沟通始于创造认知，然后是行动前的对齐。实施对沟通至关重要，因为我们通过沟通来建立联系，以便获得利益相关者的认同和支持。巩固是成功实施战略沟通的最后一步。在预测变化/风险时，必须有一个控制和反馈循环。

2.2 S-I-O-M模型——这个简单而有效的工具确保工作总是在正确的水平上运行。S-I-O-M代表战略—实施—落地—度量。战略制定的输出是战略。将该战略转化为项目实施。一个项目成功运作的结果就是它的商业成果。然而，这是不完整的，除非S-I-O-M模型使用平衡计分卡来度量战略的成功执行。

2.3 闭环系统图——简单而有效的解决问题的工具。这就像一个输入—处理—输出的流程一样简单，在继续寻找将输入转换为所需输出的替代增值之前，必须首先决定输出。可以肯定的是，系统图必须是闭环的，以监控变化，使其保持在要求的目标范围内。

3. 创新的批判性思维。工具包含：

3.1 设计思维与全方位整合式思维之家——行动学习工具，利用能力屋在三个层面进行评估：

- 房子的地基——基本能力。
- 支柱——"必须知道"的能力，以及最终目的和核心能力，即必须是独特的、可扩展的、难以被竞争对手模仿的。
- 屋顶——专业能力的战略项目管理，适应能力的敏捷领导，沟通能力的利益相关者关系与价值管理。

3.2 创新与运营能力模块——通过将学习分为五个阶段（初学者、学习者、专业人员、专家、大师）的先进的行动工具，从而加速学习。

3.3 设计思维与全方位整合式思维矩阵——右脑和左脑工具，确保四种类型的思维及其结果用于解决复杂的管理问题。

3.4 知—做—教—导循环——一种加强持续学习和加速轻量级、中等量级和重量级项目领导力发展的工具。

**课程成果**

你从这10个创新工具中学到了什么？你会采取哪些不同的做法来提高解决启发性问题和持续改进方面的应用能力？这将有助于你通过成为一名为企业创造价值的高绩效管理者来获得可持续的竞争优势。创新必须在成本、质量、速度、灵活性、可靠性（保持交付保证）方面进行度量，以实现利益相关者关系与价值和以用户为中心的设计思维战略。

# 结　　语

确定在哪里加入设计思维是经过深思熟虑的，但最关键的过程是吸取经验教训，即反思事情（战略、人员、流程、实体世界）哪里做对了，哪里做错了。这就是基于项目的加速行动学习©对设计思维的加速学习有重大贡献的地方。为了满足基于项目的加速行动学习©的四个标准，职权范围包含：

- 对职场学习的原创性贡献。
- 创新解决方案的识别和设计。
- 解决方案的执行。
- 评估解决方案的有效性。

基于项目的加速行动学习©的8As流程旨在改善利益相关者的沟通管理，连接、参与和管理利益相关者的需求和期望。

**产生认知**——与行动学习项目团队召开初步会议，这一点至关重要。

**确保对齐**——主持研讨会，以确保所提出的解决方案与利益相关方的需求和期望保持一致。

**实施行动**——在正确的人员支持下，以正确的流程实施解决方案，并为他们配备正确的实体世界，以实现最高的执行能力。

- 流程的执行能力。
- 人员的执行纪律。
- 实体世界的执行速度。

这三个要素对于战略的成功执行都是至关重要的，因为在上述协调过程中，整体规划的结果非常清晰。

**鼓励实施**——定期召开会议，监控利益相关者的认同。不要因为任何加速地变更管理项目来提高生产力和更高的绩效，期望变更是零阻力的。

**执行巩固**——使用关键绩效指标不断努力达到要求的结果，为员工和雇主之间的双赢利益提供公平的奖励和激励制度。试图强制性要求员工接受关键绩效指标可能会导致更大的变革阻力。

**增强适应**——唯一不变的是变化。随着技术的出现，人员、流程和实体世界三部曲也发生了变化。例如，当智能手机取代传统手机时，移动电话公司不得不改变战略，转而生产智能手机来竞争和生存。从2G转变为4G，这意味着将整个研发团队转变为一个能够适应新技术的团队，从而产生裁员的政策和行动。那些没有适应技术变化的公司现在都破产了。

**拥抱优势**——颠覆性创新的概念并不新鲜。已故苹果公司的史蒂夫·乔布斯致力于"创造—创新—破坏"的颠覆性过程，以保持竞争优势，具体如下：

- 首先创造新的产品、服务、解决方案，有一系列好处。
- 接下来，在产品生命周期结束之前，通过改造昂贵而复杂的产品、服务、解决方案来保持创新。
- 然后破坏现有的产品，用一种可能完全不同的新产品取而代之。

他认为苹果的关键使命是"以不同的方式思考"。

**加强预测**——在基于项目的实施生命周期中，应该关注可能的风险。风险是一种不确定的事件或情况，如果发生，会对一个或多个项目目标（如范围、速度、质量和成本）产生积极（机会）或消极（威胁）的影响。同时还存在国家/政治风险、汇率/波动风险和市场/商业风险。

在引导式的对齐沟通会期间，需要：

- 规划风险以确保利益相关者的认同。
- 巩固流程所有权，以实现商定的关键绩效指标。
- 对内部和外部因素的积极和消极风险的风险反应。

任何有效和高效的基于项目的问题解决方案的关键是：除非你知道要监控什么，否则不要执行项目/计划。

基于项目的加速行动学习©的11个原则是：

- 没有赞助商等于没有项目。
- 流程负责人等于1；流程负责人大于1表示无负责人。
- 好的项目管理始于好的文档。
- 除非你知道要监控哪些关键绩效指标，否则不要执行。
- 除非找到问题的根源，否则不要采取纠正或预防措施。
- 利益相关者是任何能够影响项目成败的人。
- 规划的清晰性是通过关注主要项目目标来实现的。
- 如果有疑问，就去问。
- 让利益相关者参与进来却没有过多的沟通，沟通不足最终会导致不必要的挑战。
- 我们不要试图用不精确的信息做精确的工作；预先规划对于对齐和实施至关重要；每当需要时，执行重新规划。
- 质量保证要求我们检查、检查、再检查。

基于项目的加速行动学习©可以分为三种类别，见表5-2。

表 5-2　基于项目的加速行动学习©的三种类别

| 类　　别 | 内　　容 |
| --- | --- |
| 轻量级项目 | 由跨职能团队管理的跨职能部门管理，其结果是思想的相互交融和协同加速学习 |
| 中等量级项目 | 跨组织的，由一组来自不同组织、具有不同文化的项目经理管理，其结果是交叉学习，解决复杂问题的更高协同效应，增强对人的文化敏感性的加速学习，对流程再造的创新性，实体世界和创新带来卓越的行动优势 |
| 重量级项目 | 跨境投资，即区域、国际和全球投资，由具有文化多样性和专业背景以及不同组织价值观的国际团队管理。这证明了行动学习的最大优势，因为流程没有文化障碍 |

行动学习已经从1.0版本发展到4.0版本，以应对工业4.0—5.0时代，并受到VUCA商业环境中经济全球化力量的影响。没有行动学习部分的设计思维就像喝水没有杯子！什么都不会被存储，一切都取决于记忆，这取决于什么是对的，什么是错的。

基于项目的加速行动学习©是一种培训和发展设计思考者队伍，使他们比竞争对手表现得更快、更好、更智能，从而实现设计思维的倍增效果，是实现加速学习的可靠途径。

为了验证本书提供的设计思维在现实世界中的应用，第六章提供了一个案例分析和说明。这是由印度尼西亚一所著名大学的一群学生完成的。本书中讨论的设计思维方法论已经应用于谷歌公司。

# 第六章　预测：设计思维什么时候最有效

假设是风险之母，自满是假设之父。在设计思维中，我们计划风险应对，监控从概念到下一个新产品发布的风险周期。

——作者

# 导　语

本章使用了从第一章到第五章讨论的设计思维方法，并使用概念图分析设计思维在谷歌公司的应用。该公司是一家跨国技术机构，成立于1998年，专门从事网络广告、搜索引擎、云计算、软硬件等互联网产品和服务。

# 概　念　图

大学研究团队使用由谷歌的目的、框架、项目、实体世界、人员、流程和战略组成的概念图分析了谷歌的设计思维全球战略。概念图如图6-1所示，其元素如下。

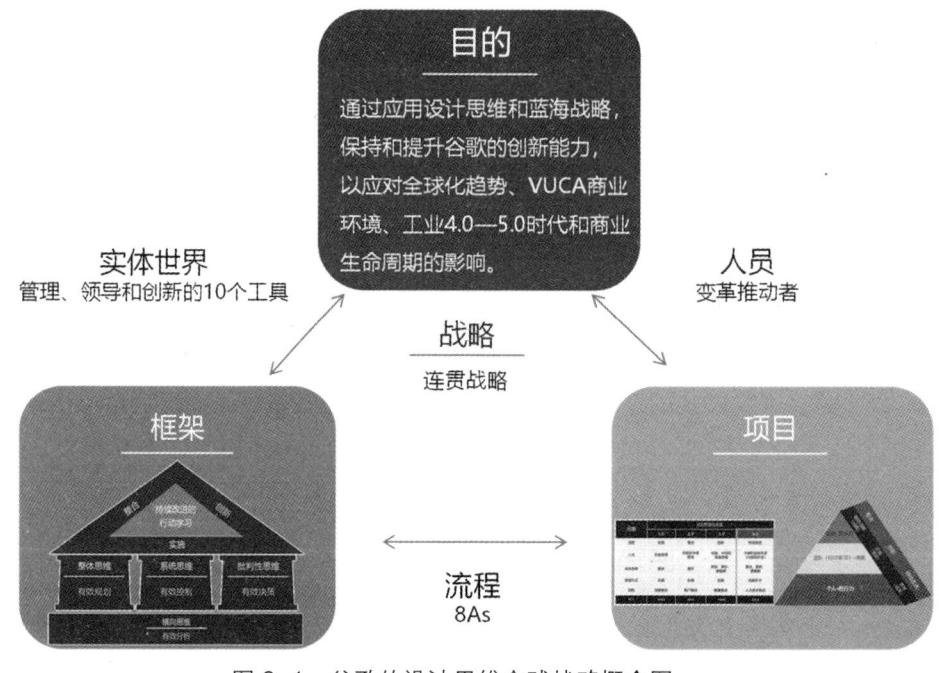

图6-1　谷歌的设计思维全球战略概念图

❖ 目的

谷歌的设计思维方法论的目的是通过应用设计思维和蓝海战略来保持和提升创新能力，以应对全球化趋势、VUCA商业环境、工业4.0—5.0时代和商业生命周期的影响。

❖ 框架

大学研究团队使用"基于项目的加速行动学习©全方位整合式思维之家"作为框架，该框架如图6-2所示。

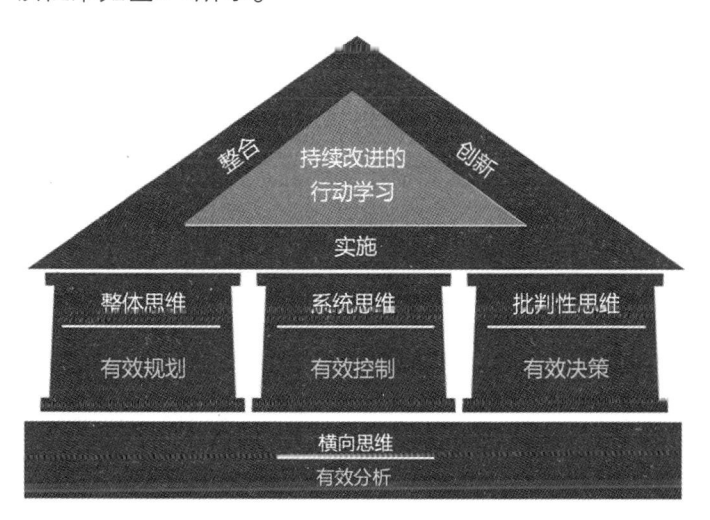

图 6-2 基于项目的加速行动学习©全方位整合式思维之家

研究团队在进行国家、行业和企业分析时使用了2个工具，即5个"为什么"（见图6-3）和SWOT（优势、劣势、机会和威胁）分析，如表6-1所示。

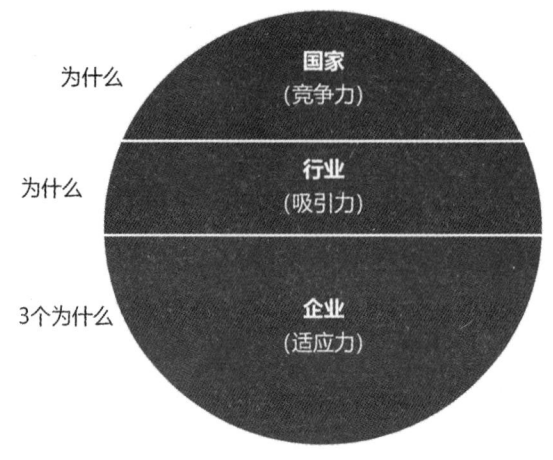

图 6-3　国家、行业、企业的 5 个"为什么"分析

表 6-1　谷歌的 SWOT 分析

| S<br>(优势) | 谷歌拥有出色的收购能力、强大的基础设施、良好的品牌形象以及在搜索引擎业务中的市场地位 |
|---|---|
| W<br>(劣势) | 该公司的劣势与广告有关。研究表明,谷歌面临着广告费率下降的局面,而该公司过度依赖广告收入 |
| O<br>(机会) | 谷歌有机会将其业务拓展到非广告业务模式。随着数字经济的发展,用户的行为和广告业务将继续向线上转移 |
| T<br>(威胁) | 谷歌在搜索引擎和信息服务领域有很多竞争对手。谷歌的在线广告业务增长曲线将放缓。该公司有可能面临安全问题和黑客攻击,安全性对谷歌来说很重要 |

**国家**

国家分析的结果是,谷歌需要确定相关的和可持续的未来竞争力,以迎合全球化的 14 种力量,通过磨炼他们的技能来应对 VUCA 商业环境和工业 4.0—5.0 时代。

**行业**

随着谷歌进入工业 4.0—5.0 时代,他们需要更快、更好地学习,更智能地思考,以增强竞争优势,在 2020 年以后迅速发展。

企业

在企业分析方面，对谷歌的能力、潜力和竞争力进行了评估。谷歌应该具备整合、实施、创新和持续改进的能力，以达到最高的执行能力，从而获得卓越的商业绩效。谷歌需要通过将战略转化为按优先顺序排列的方案和项目组合，来监控战略实施差距。为了成功地实施他们的战略，谷歌必须选择合适的人员（领导）、流程（项目管理）和实体世界（技术）。

❖ 项目

谷歌的执行能力已经达到4.0阶段的成熟水平，如图6-4所示。

| 战略 | 项目管理的演变 ||||
|---|---|---|---|---|
| | 1.0 | 2.0 | 3.0 | 4.0 |
| 流程 | 实施 | 整合 | 创新 | 持续改进 |
| 人员 | 初级管理 | 初级和中级管理 | 初级、中级和高级管理 | 关键利益相关者（内部和外部） |
| 实体世界 | 更快 | 更好 | 更快、更好、更智能 | 更快、更好、更智能 |
| 管理方式 | 左脑 | 右脑 | 全脑 | 加速学习 |
| 目的 | 流程驱动 | 客户驱动 | 敏捷驱动 | 人力资本驱动 |
| 年代 | 1970s | 1990s | 2000s | 2020s |

图6-4　谷歌的执行能力

很明显，谷歌需要通过持续改进来维持其4.0阶段的执行能力，以满足内部和外部的关键利益相关者。借助正确的技术，结果将更快、更好、更智能。基于项目的加速行动学习©将实现企业加速学习，即以开发思考型人才为主要目的进行竞争。

谷歌的投资组合、计划和项目如图6-5所示。

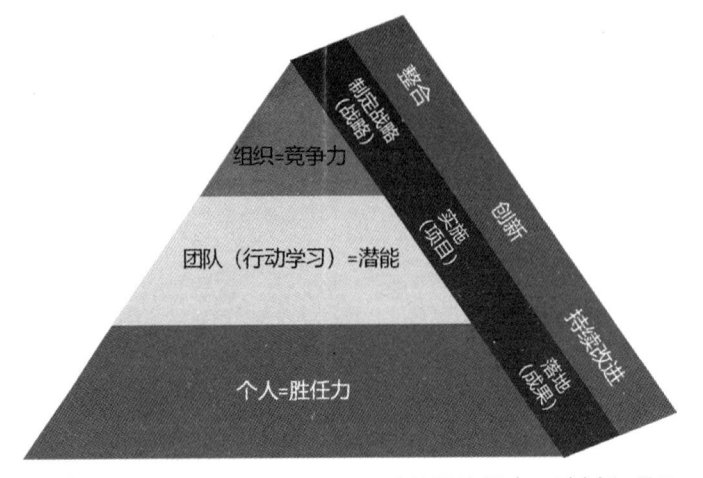

图 6-5　谷歌的投资组合、计划和项目

**投资组合**

投资组合是反映组织执行能力的投资优先顺序。从二手研究数据来看，谷歌的投资回报率为12.92%，而雅虎仅为6.52%。然而，与其他搜索引擎公司相比，谷歌在2017年也占据了最大的市场份额，为79.79%。事实表明，谷歌实现了高投资回报率和最大市场份额。

**计划**

谷歌践行透明、创新和协作的组织价值观，实施人力资源计划以协调项目，如积极招聘，并提供有竞争力的薪酬激励。他们还为谷歌内部的人才提供了一个有利的环境，帮助他们实现自己的职业生涯，即解决技术挑战和社会中的一些最大挑战。

**项目**

图6-6展示了谷歌在2016年8月至2017年5月成功执行的一些关键项目的里程碑时间线，重点是优化资源配置。

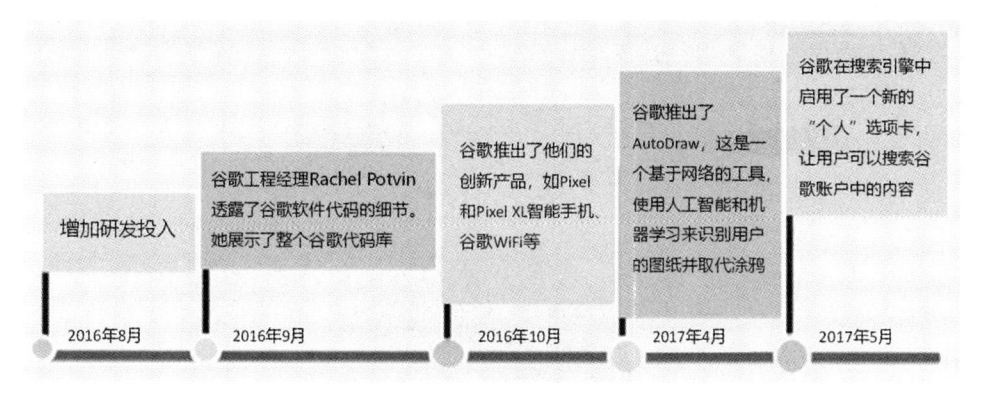

| 2016年8月 | 2016年9月 | 2016年10月 | 2017年4月 | 2017年5月 |
|---|---|---|---|---|
| 增加研发投入 | 谷歌工程经理Rachel Potvin透露了谷歌软件代码的细节。她展示了整个谷歌代码库 | 谷歌推出了他们的创新产品，如Pixel和Pixel XL智能手机、谷歌WiFi等 | 谷歌推出了AutoDraw，这是一个基于网络的工具，使用人工智能和机器学习来识别用户的图纸并取代涂鸦 | 谷歌在搜索引擎中启用了一个新的"个人"选项卡，让用户可以搜索谷歌账户中的内容 |

图 6-6　谷歌一些关键项目里程碑的时间线

# 认　　知

认知有两个部分。第一部分与设计思维相关，如图6-7所示。

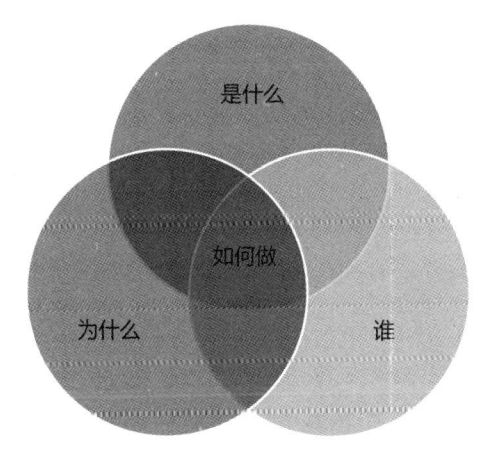

图 6-7　认知中的是什么、为什么、谁、如何做

图6-7展示的问题如下：

- 什么是设计思维？
- 为什么设计思维如此重要？
- 谁应该应用设计思维？

- 应该如何运用设计思维？

设计思维由三个关键过程组成——发现、开发和交付。图6-8展示了三个过程的相互联系以及每个过程的目的。

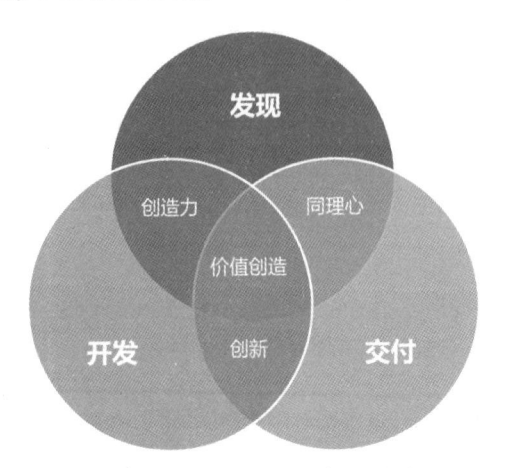

图 6-8　设计思维的三个关键过程

设计思维三个关键过程的主要目的是：

- 创造性的发现。
- 创新的开发。
- 基于同理心的交付。

这三个主要目的具有协同效应，它们综合了主要目标，即价值创造。

设计思维旨在迎合当前全球竞争的浪潮并生存下来。在当前不稳定的全球市场中面临激烈竞争的每一家公司都应该擅长使用全脑方法实施设计思维战略。基本原理是通过相关的、创新性的解决方案来获得克服VUCA全球挑战的全方位整合式解决方案，这些解决方案将随着需求和市场的变化趋势而变化。

以用户为中心的设计思维战略与蓝海战略类似，即实现颠覆性创新，带来成本、质量、速度、可靠性（交付保证）和灵活性方面的优势。该战略的成功取决于商业供应价值链的利益相关者关系与价值管理，因为向后端的每个人都是供应商，向前端的每个人都是客户。利益相关者关系与价值合并的最终结果将衡量商业价值供应链的有效性和效率。实现最佳价值创新的设计思维如图6-9所示。

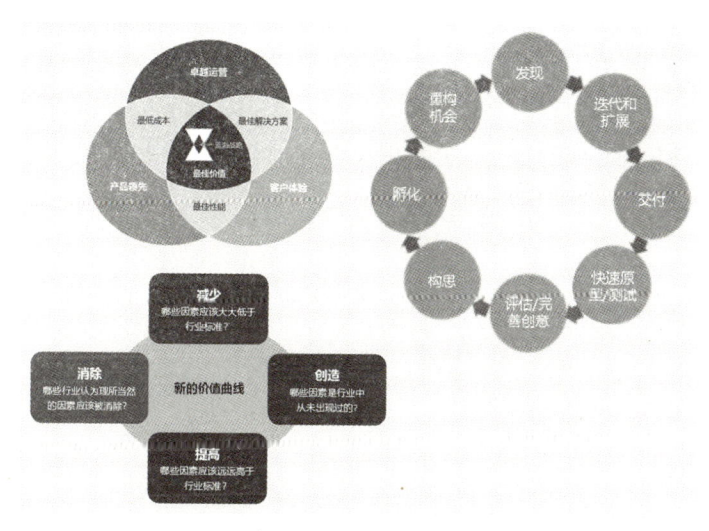

图6-9 实现最佳价值创新的设计思维

认知的第二部分与全球化的14种力量、14个行业生命周期（城市生命周期、自然生命周期、资源生命周期、经济生命周期、政治生命周期、市场成熟度生命周期、产业生命周期、商业生命周期、技术生命周期、投资生命周期、组织生命周期、企业并购生命周期、产品生命周期、企业家生命周期）、VUCA商业环境和工业4.0—5.0时代有关。对谷歌的案例分析考虑了所有因素。该框架已在图6-1中展示。

现在思考如下问题：

1. 在全球化的14种力量和14个生命周期中，影响谷歌的因素是什么？
2. VUCA商业环境和工业4.0—5.0时代对谷歌有什么影响？
3. 为什么考虑这些因素很重要？
4. 谁是主要的利益相关者？
5. 如何克服这些挑战？

对于谷歌来说，这些因素中最重要的是技术、便利性、速度、最低成本、质量和多样性，而其中最主要的是技术。谷歌需要不断创新产品和服务，留住客户的方法是提供最好的产品、服务和解决方案，再加上便利性、速度和多样性。现在的人们喜欢简单、易操作的东西。谷歌对此的回应是发明了许多让人们生活更轻松的应用和服务。例如，谷歌地图在移动设备中提供便于访问和随身携带的地图，这种创新让人们能以实惠的价格使用GPS。

接下来的两个因素是质量和最低成本。矛盾的是，当前的利益相关者在这两个方面都要求价值创新。谷歌提供了许多免费服务，并且已经拥有11.7亿客户。

设计思维接下来考虑的是影响国家、行业和企业的14个生命周期。其中影响谷歌的是经济生命周期、产业生命周期、技术生命周期、投资生命周期、组织生命周期和产品生命周期。

最突出的是经济生命周期。因为谷歌的总部在美国加利福尼亚州，所以他们必须关注美国的经济，而美国的经济受决策者（政府和总统）影响。

从2002年开始，在过去的15年中，谷歌的产业生命周期已经发展到成熟水平（见图6-10）。近年来，许多其他有能力的供应商也加入了互联网服务行业。但谷歌仍然具有竞争力，由于来自中国大型供应商的现有和新进入者的激烈竞争，谷歌可能会经历一个衰退阶段。

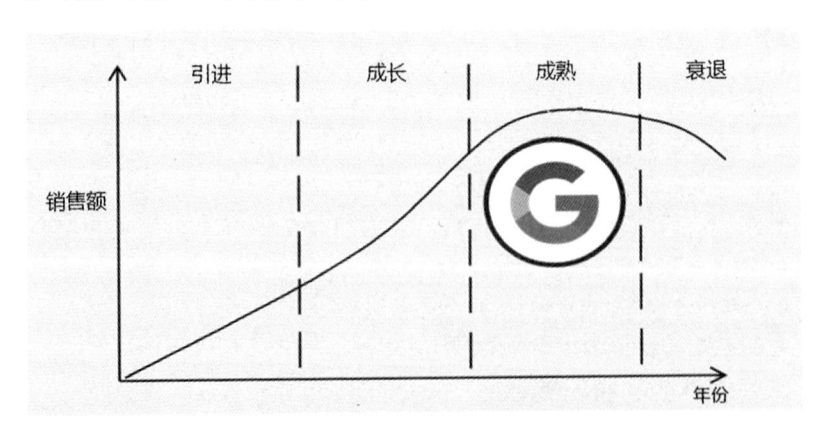

图 6-10　谷歌产业生命周期

在技术生命周期中，谷歌处于早期多数者阶段，因为谷歌使用的技术与竞争对手相同（见图6-11）。现在，其中一些技术也已经发展到早期的大多数，但这并不适用于尚未发布的创新。

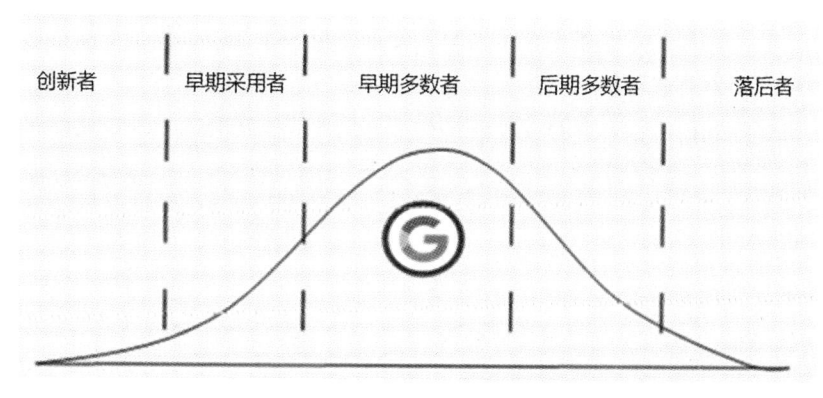

图 6-11　谷歌技术生命周期

图6-12展示了谷歌下一个生命周期——投资。谷歌通过投资多家公司，采纳垂直整合战略。图上显示了他们投资的一些例子。到目前为止，最有前途、最赚钱的投资之一是优步。

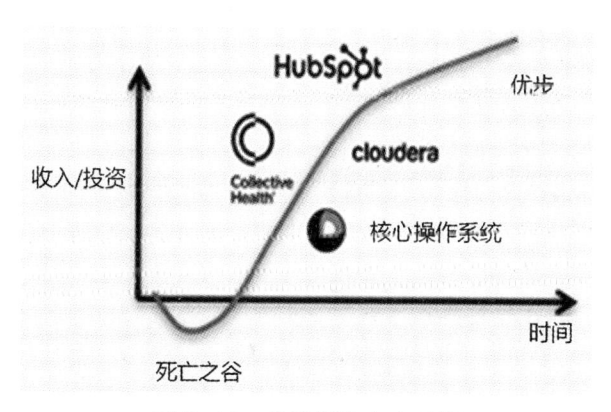

图 6-12　谷歌投资生命周期

图6-13展示了谷歌的组织生命周期。谷歌正处于黄金阶段，因为很多人使用他们的产品和服务，主要是互联网搜索引擎。谷歌已经成为一个家喻户晓的名字，就像星巴克咖啡一样，它在互联网搜索方面排名世界第一。

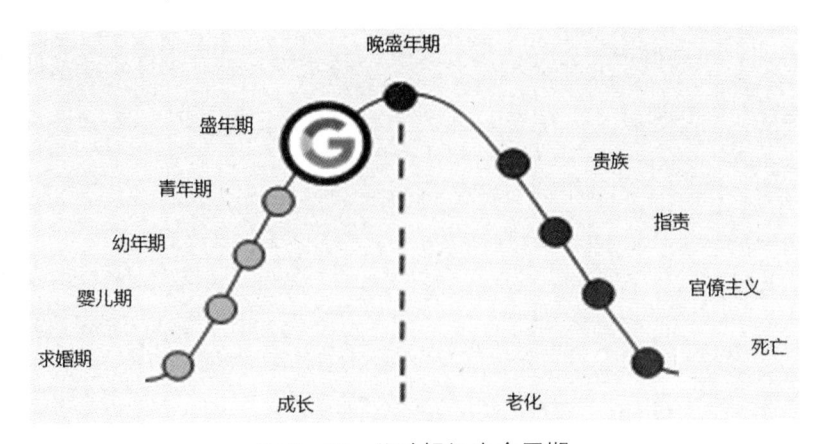

图 6-13　谷歌组织生命周期

最后考虑的是谷歌的产品生命周期，如图6-14所示。谷歌的产品和服务主要处于成熟阶段，因为许多产品和服务已经非常成熟，许多消费者正在使用它。值得注意的是他们的一些产品和服务已经处于衰退状态。然而，谷歌通过创造服务于市场需求的新的创新来保持业绩。

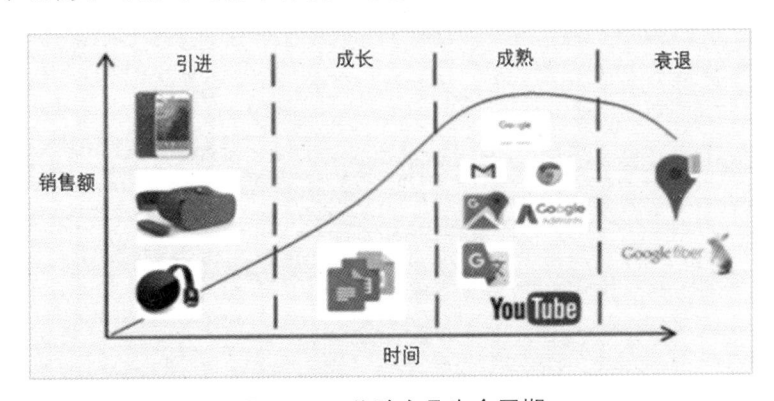

图 6-14　谷歌产品生命周期

考虑影响谷歌和相关生命周期的全球化力量是至关重要的，因为这将改变谷歌的战略意图，并对其连贯战略产生连锁效应。

VUCA商业环境和工业4.0—5.0时代将带来许多挑战。为了缓冲这种影响，谷歌被迫采纳全方位整合式设计思维方式来延长企业生命。全方位整合式设计思维将使谷歌在最佳价值创新的竞争中保持领先，这是终极竞争。克服挑战的方法是预见可能发生的每一个重大风险。当风险应对策略和计划可供审查时,风险规划是完整的。

为了取得成功,来自不同管理层的关键利益相关者应该参与进来,主要目的是将公司转变为一个具有高绩效文化的公司。

对　　齐

通过对齐,S-I-O-M模型可被用于制定谷歌的设计思维战略,以适应VUCA商业环境、工业4.0—5.0时代、14个行业生命周期和全球化的14种力量。图6-15展示了谷歌的S-I-O-M模型。控制输入元素的质量可以更容易实现所需的输出。转换作为逻辑进程执行。

图 6-15　谷歌的 S-I-O-M 模型

❖ 输出

输出是为了应对VUCA商业环境、工业4.0—5.0时代和全球市场变化带来的挑战。图6-16展示了输入—过程—输出—控制（I-P-O-C）的示例。

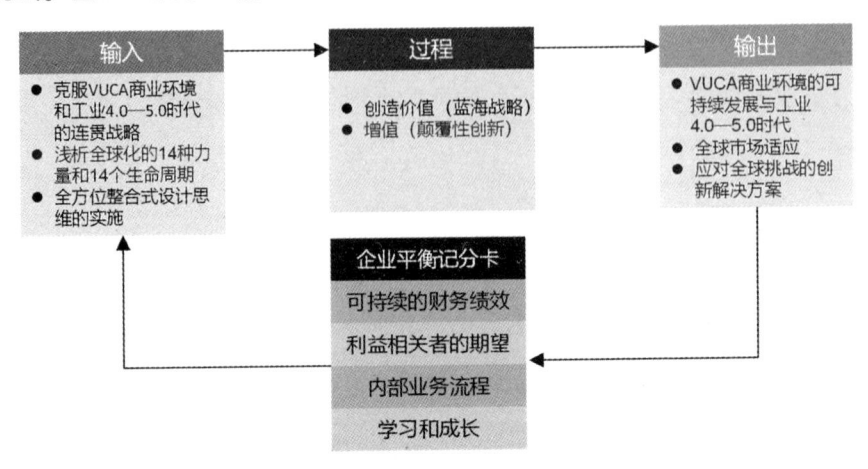

图 6-16　I-P-O-C 示意图

谷歌利用互联网的先进发展，通过增加三种技术成分来转变整个生产、管理和治理系统。

- 云计算（允许公司外包IT基础设施）
- 移动
- 应用程序（更易于对齐）

图6-17展示了谷歌云平台上的例子。

图 6-17　谷歌云平台

谷歌不断在新产品和服务方面创造突破，以满足客户不断变化的需求。最新的一些产品包含：Meet Pixel、Google Home、Google WiFi、Google Fibre和"里程碑时刻"或可再生能源项目。

❖ 过程

要实现所需的输出，了解客户输出的期望至关重要，因为这是设计思维的核心。图6-18展示了蓝海战略创造新价值曲线的四种方式。

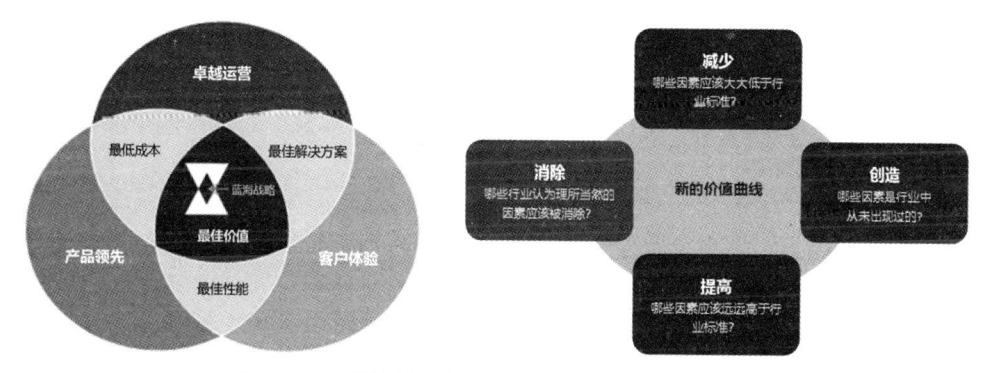

图 6-18　蓝海战略创造新价值曲线的四种方式

❖ 输入

如果输入不正确，随后的计划和实施过程将会失败，由于需要执行、撤销和重做，将导致生产力低下。图6-19是一个横向思维图，它说明了如何为以用户为中心的连贯战略融入全方位整合式设计思维，以应对VUCA商业环境。

最重要的目标是建立VUCA矩阵和六项思考帽与设计思维矩阵的相互依存关系的全脑或全方位整合式分析。

- 利用事实发现问题。
- 迭代和拓展结果，对项目持乐观态度。
- 交付和测试结果，而不是悲观应对。

# 创新者的设计思维

| 横向思维 | 不稳定 | 不确定性 | 复杂性 | 模糊性 | 设计思维 | 全方位整合式思维 |
|---|---|---|---|---|---|---|
| 白帽（事实） | 分析导致随机 | 360度评估 | 请教顾问 | 拖延 | 发现问题 | 丰富的资源 |
| 红帽（情绪） | 尽管去做 | 逐步的方法 | 高管以身作则 | 培养关键的变革推动者 | 重组机会并孵化 | 效率和效果 |
| 黑帽（悲观） | 威胁应对战略 | 增加风险补偿和应急计划 | 聘请风险管理顾问 | 整合4种风险类型（政治、文化、金融、市场） | 交付和测试结果 | 风险因素 |
| 黄帽（乐观） | 机会应对战略 | 增加预算利用机会 | 承担合理的风险，并控制在一定范围 | 高风险、高回报心态 | 迭代和扩展结果 | 风险寻求者 |
| 绿帽（创新） | 执行有效渐进性创新 | 执行突破性创新 | 执行颠覆性创新 | 执行体验创新 | 构思和评估经验 | 持续改进（九宫格解决方案） |
| 蓝帽（远见卓识） | 实施整合供应链管理 | 实施整合利益相关者期望管理 | 实施整合项目管理 | 实施全球外包 | 快速原型测试 | 长期战略规划（概念图） |
| 结果 | 有远见 | 试图理解 | 制订清晰的计划 | 变得敏捷 | 解决问题 | 更快、更好、更智能（10个工具） |
| | 行动结果可预测知识可用 | 行动结果不可预测知识可用 | 行动结果可预测知识不可用 | 行动结果不可预测知识不可用 | 为用户找到关键的问题 | 基于项目的加速行动学习®整合、实施、创新、持续改进 |

图 6-19 横向思维图

- 加快原型制作以实现愿景。
- 以创意和创新来评价。
- 利用情感来孵化和重构机会。

设计思维与全方位整合式思维相统一，明确关注全球化力量和影响谷歌生命周期的关键因素。这些关键因素的关系如图6-20所示。

| 全球化力量 | 生命周期 ||||||
|---|---|---|---|---|---|---|
| | 经济生命周期 | 产业生命周期 | 技术生命周期 | 投资生命周期 | 组织生命周期 | 产品生命周期 |
| 技术 | 市场透明度对经济的影响 | 产业有很多创新来竞争 | 突破技术进步 | 投资支持先进技术（明亮的未来） | 专门小组开发技术 | 不要等到业务成熟后再改进 |
| 便利性 | 越便利的服务，收费越高 | 行业实施更多的用户便利性来吸引用户 | 技术让人们的生活更加便利 | 投资者投资公司的便利程序 | ✗ | 便利的产品不会让用户轻易转向其他产品 |
| 速度 | 速度越快，收费越高 | 增加网络基础设施 | 提高访问平台的速度 | 周转或回报的速度很重要 | 去中心化的组织获得更快速度 | 确保业务长期或未来可行 |
| 多样性 | 使用的种类越多，收费越多 | 增加用户使用平台 | 增加内容的多样性 | 投资者可以投资商业的更多领域 | 组织可以基于产品/服务的类型 | 关注每个业务阶段和生命周期 |
| 质量 | 越高的质量，收费越高 | 比其他平台提供更好的网络 | 提供"帮助"功能来解决问题 | 支持公司AAA+的类别 | ✗ | 值得信赖的业务质量将使人们对其印象深刻 |
| 最低成本 | 最低成本创造更高收益 | 用于接入平台的数据 | 比较产品价值性 | 获得更高的利益 | ✗ | 检查并重新检查业务周转 |

图 6-20 全球化力量和影响谷歌生命周期的关键因素

技术、便利性、速度、多样性、质量、最低成本有以下好处：

- 更快的经济生命周期（利润）。

- 在技术生命周期中支持更快的增长。
- 提高行业竞争力。
- 更明智的投资和组织效率，创造财务上可行的、更短的产品生命周期。

图6-21展示了全球化时代电子商务和谷歌风险投资之间的关系。电子商务已经取代了传统的销售方式，拥有将投资者吸引到跨越许多行业领域的巨大潜力和机会。

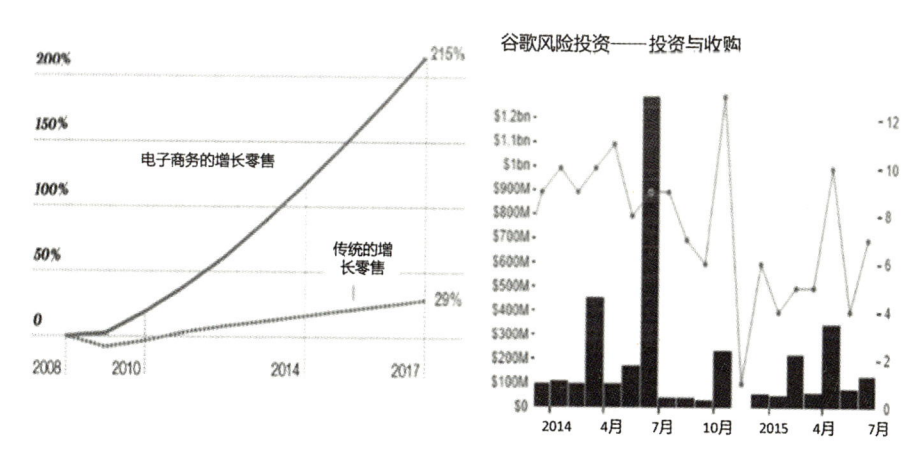

图 6-21　电子商务和谷歌风险投资

❖ 企业平衡计分卡

企业平衡计分卡中的关键绩效指标对于度量战略执行差距至关重要。可持续的财务表现是其中最重要的。

谷歌可以通过研发投资，生产新的适销产品、服务、解决方案来规划进一步的增长，从而带来更高的净收入。谷歌的利益相关者不仅包括作为主要客户的用户，还包括掌握关键开发工作的员工，以及作为进一步收入来源的广告商、投资者和社区。他们还需要政府批准才能在美国以外的国家运营，尤其需要建立强大的品牌意识，如图6-22所示。

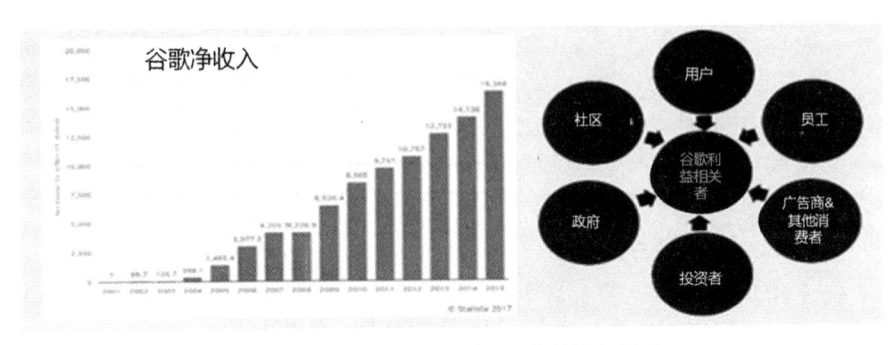

图 6-22　谷歌净收入与谷歌利益相关者

图6-23表明研发是谷歌投资的主要驱动力。在2016年的前9个月，谷歌的Alphabet花费了103.26亿美元。随着巨头们争夺最智慧的全脑人力资本，电子商务和物联网的未来竞争越来越激烈且成本高。

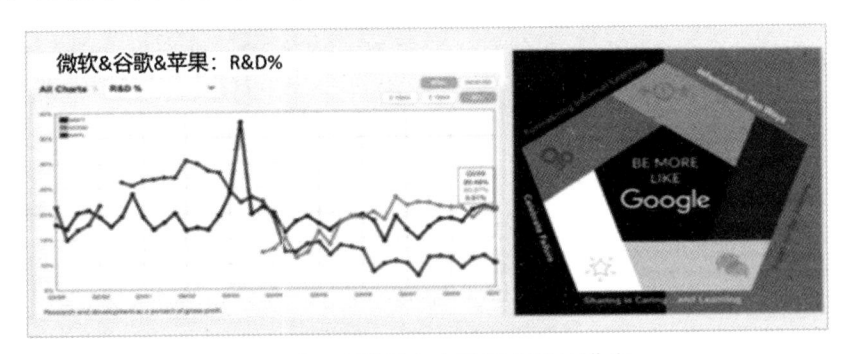

图 6-23　研发投入占比和谷歌的进步

# 行　　动

行动包括将三个连贯战略转化为过程，并将过程转化为活动。连贯战略是：

- 卓越运营
- 产品领先
- 客户体验

**卓越运营**：谷歌通过提供有利的工作环境来提高员工的工作效率，从而吸引员工并让他们享受工作。他们还开发适用的软件来提高总生产率。卓越运营的关键绩效指标包括出错率、错误纠正率、缺货率和客户重复投诉率。

**产品领先**：谷歌的大部分产品都处于产品领先的行列，并且大部分都是对用户免费的，即企业社会责任的一部分。在这方面，谷歌可以创造一个网络外部性效应，其产品的价值取决于有多少人使用它。谷歌的最佳价值图和最佳价值衡量如图6-24和图6-25所示。谷歌必须提高产品领先地位和客户体验，以获得可持续的竞争优势。

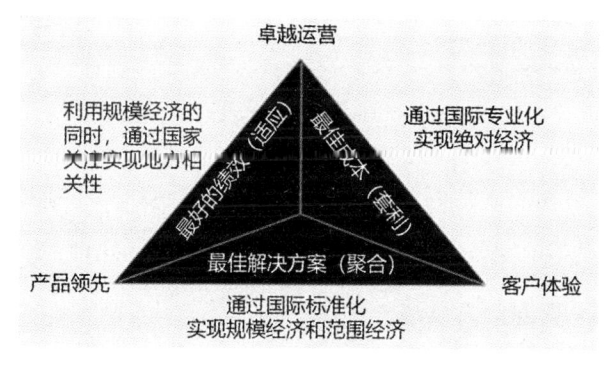

图 6-24　谷歌的最佳价值图

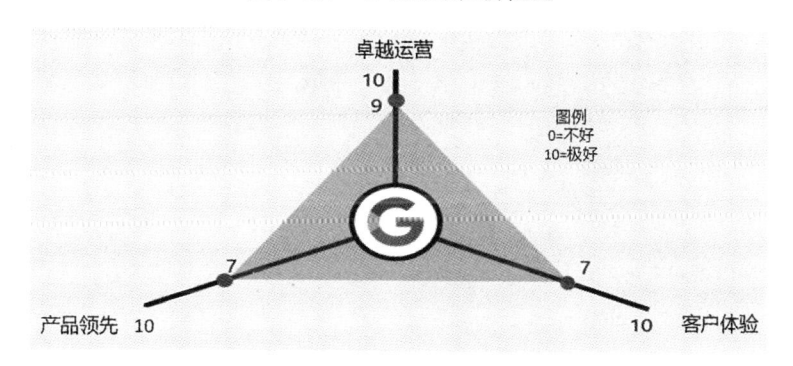

图 6-25　谷歌的最佳价值衡量

**客户体验**：谷歌应用了营销的五感，即视觉、听觉、嗅觉、触觉和味觉。用户看到徽标就知道是谷歌。谷歌可以嗅到如何应对市场份额增长的趋势，尤其是对投资者而言。谷歌能够听取潜在的市场需求、利益相关者的投诉和反馈，并改进服务。谷歌能够发现用户的口味或改进期望，以创造更高的满意度。谷歌可以触及用户的内心或痛点，通过承诺企业社会责任为社会增加价值。

如图6-26所示，谷歌的市场需求与互联网用户数量一样多，并且还在不断增加。谷歌深入探索了以用户为中心的互联网设计思维战略。

图 6-26　谷歌的地位和互联网用户数量

谷歌通过维持在研发的投资来与其他全球巨头竞争，并增加利益相关者的股份价值，从而实现了极致价值创新，如图6-27所示。2017年，他们超越苹果，获得了第一名——最高的品牌资产价值。

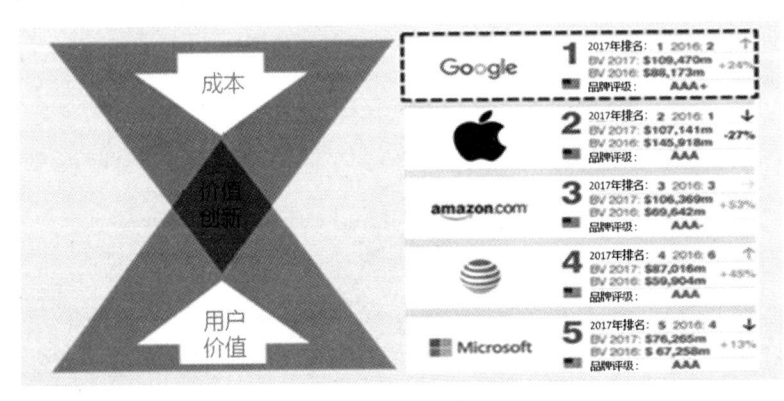

图 6-27　谷歌的价值创新

谷歌如何创造新的价值曲线？

- 减少平台复杂性和出错的可能性。
- 消除高端术语和老化特性。

- 提高产品和基础设施价值。

谷歌的新价值曲线如图6-28所示。

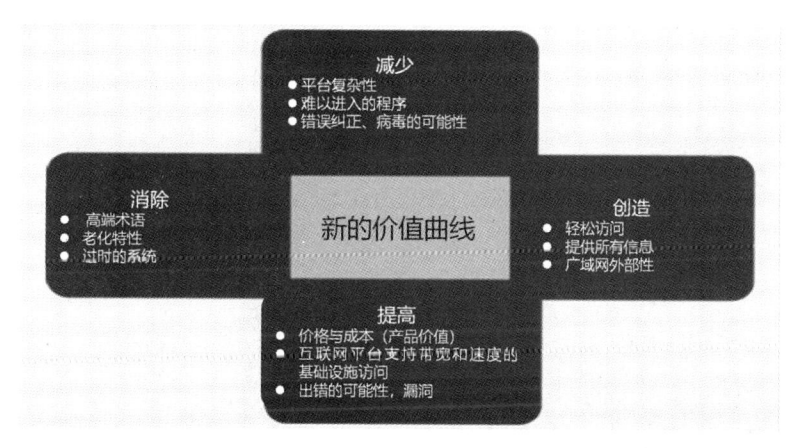

图 6-28　谷歌新价值曲线

设计思维结合对比分析，与最相似的重要竞争对手进行基准比较。图6-29是谷歌和雅虎的对比分析。谷歌表现得更好，尤其是在缺陷品数量和更高的用户忠诚度、客户保持率以及销售收入和增长方面。

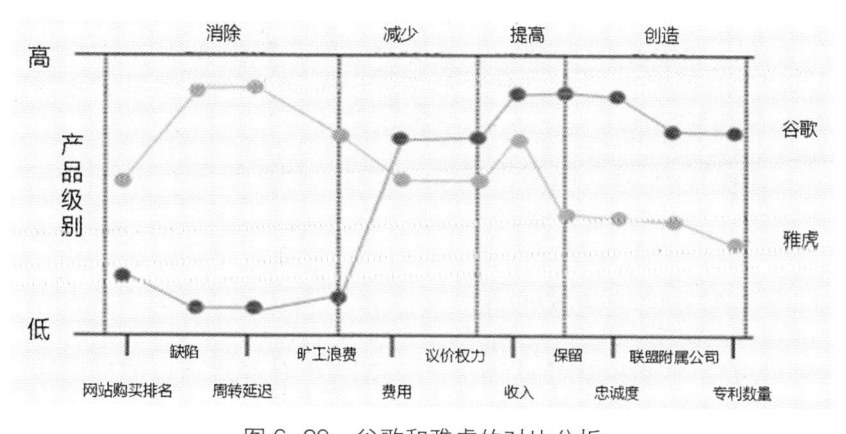

图 6-29　谷歌和雅虎的对比分析

迭代：要超越，设计思维必须与全方位整合式思维相统一，执行以用户为中心的战略。它必须由正确的流程支持，由正确的人员实施，这些人员必须经过培训并利用正确的实体世界，由适当的技术驱动，以实现最低成本、最佳性能和最佳解决方案。可以肯定的是,全方位整合式设计思维是一个封闭的系统,用来衡量正确的关键绩效指标,由过程所有者认可,以获得成本、质量、速度、交付保证和灵活性方面的优势。这将赢得订单以保持竞争力,是每个公司进行比较的常用衡量单位。

谷歌面临四大障碍,如图6-30所示。

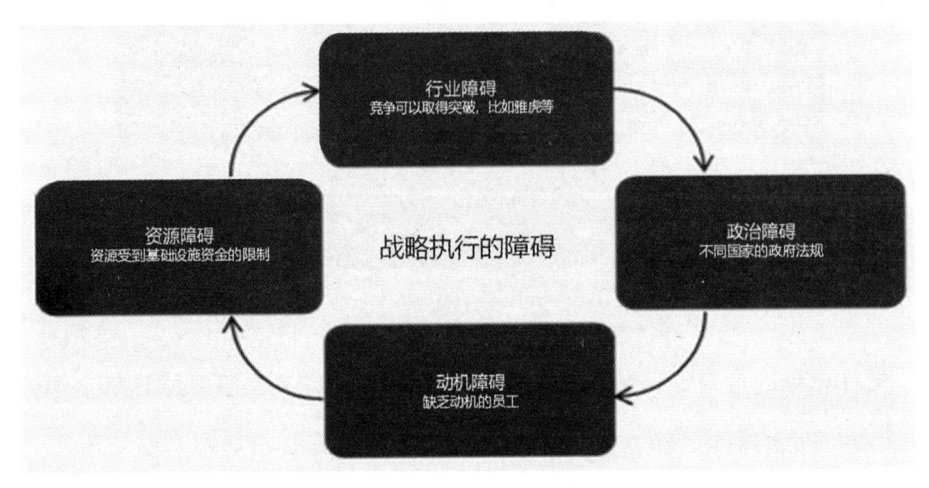

图 6-30 谷歌面临的四大障碍

- 行业障碍——竞争对手一直努力成为行业最佳,因此公司不能停下来取得突破。
- 政治障碍——如何应对东道国/本国政府的规定。
- 动机障碍——如何管理和控制缺乏动机的员工,他们是发展的主要资源。
- 资源障碍——用于建设企业基础设施的优质资源有限。

设计思维分析为谷歌以用户为中心的战略创造和提高价值提供建议,如图6-31所示。随着竞争变得越来越残酷、无畏和无情,企业必须转向基于概念的经济时代。在这个时代,组织资产相当于知识产权保护、专利业务流程和版权解决方案的专业能力。

| 建议 | 创造价值 | 提高价值 |
|---|---|---|
| 以用户为中心的产品和服务 | 根据产品和服务进行调查 | 给出快速反馈解决用户问题 |
| 寻找版权解决方案 | 创建高级防火墙和用户登录来保护版权 | 改进用于版权管理的内容标识符 |
| 注重环境友好 | 利用可再生能源技术取代化石燃料 | 将财富分散到各种项目中，以减少浪费和碳足迹 |

图 6-31　设计思维分析对谷歌的建议

# 实　　施

为了有效和高效地执行战略，设计思维分析了组织的八种契合度，如图6-32所示。谷歌的八种契合度早已超越行业标准。谷歌拥有出色的结构契合度、组织发展契合度、领导力契合度和沟通契合度。在这四种契合度中，谷歌处于一流水平。

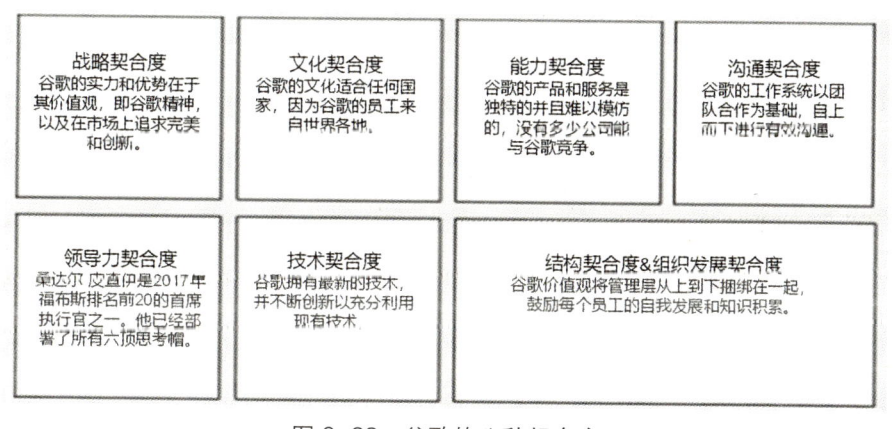

| 战略契合度 谷歌的实力和优势在于其价值观，即谷歌精神，以及在市场上追求完美和创新。 | 文化契合度 谷歌的文化适合任何国家，因为谷歌的员工来自世界各地。 | 能力契合度 谷歌的产品和服务是独特的并且难以模仿的，没有多少公司能与谷歌竞争。 | 沟通契合度 谷歌的工作系统以团队合作为基础，自上而下进行有效沟通。 |
|---|---|---|---|
| 领导力契合度 桑达尔·皮查伊是2017年福布斯排名前20的首席执行官之一。他已经部署了所有六顶思考帽。 | 技术契合度 谷歌拥有最新的技术，并不断创新以充分利用现有技术。 | 结构契合度&组织发展契合度 谷歌价值观将管理层从上到下捆绑在一起，鼓励每个员工的自我发展和知识积累。 | |

图 6-32　谷歌的八种契合度

例如，在结构契合度方面，谷歌在组织发展方面的优势众所周知。他们给予良好的激励，让工作成为一个有趣的地方。对于沟通契合度，谷歌相信在大多数决策过程中消除沟通障碍，这是为了通过对文化的敏感来增进和谐并带来对文化多样性的相互尊重。沟通是一个过程，不允许产生误解。频繁沟通会带来更好的效果。

巩　固

图6-33展示了谷歌的GOT（愿景—目的—目标）图。

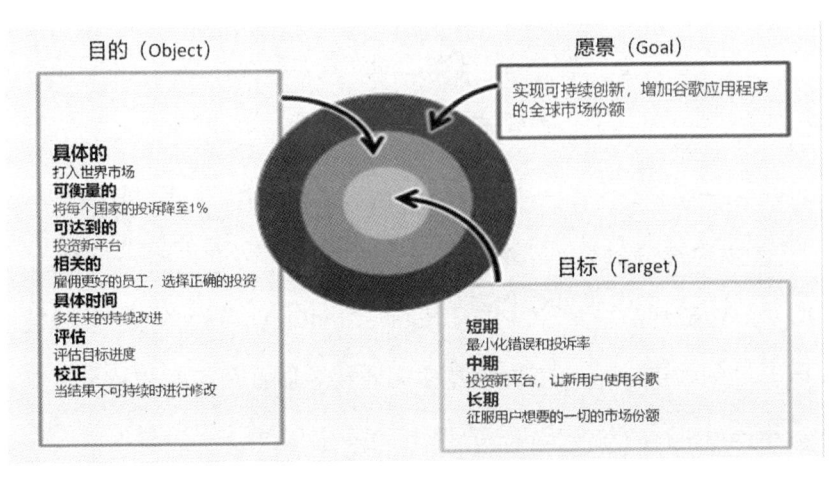

**目的（Object）**
- **具体的** 打入世界市场
- **可衡量的** 将每个国家的投诉降至1%
- **可达到的** 投资新平台
- **相关的** 雇佣更好的员工，选择正确的投资
- **具体时间** 多年来的持续改进
- **评估** 评估目标进度
- **校正** 当结果不可持续时进行修改

**愿景（Goal）**
实现可持续创新，增加谷歌应用程序的全球市场份额

**目标（Target）**
- **短期** 最小化错误和投诉率
- **中期** 投资新平台，让新用户使用谷歌
- **长期** 征服用户想要的一切的市场份额

图 6-33　谷歌 GOT 图

谷歌的愿景是"实现可持续创新，并增加他们的全球市场份额"。

谷歌的目的是提高现有产品和服务的市场渗透率，以增加当前的市场份额（如增加20%），并将投诉率降低30%，以顺应每年10%的市场增长率。

谷歌的日常目标是最大限度地减少错误，以留住客户；中期目标是投资新平台，实现可持续创新；短期和中期目标的综合将有助于愿景和长期目标，即获得世界市场份额，保持全球互联网服务行业第一。

图6-34展示了谷歌的关键绩效指标的概述，这些关键绩效指标衡量了以卓越运营为目标的设计思维，以用户为中心的连贯战略的成功执行，以获得最低成本。

谷歌的组织目标是最大限度地减少错误，保护知识产权，与其他国家和地区进行谈判，并提高产品质量。有些目标是相互作用的，例如，错误的减少会相应减少终端用户的抱怨，并且会有更少的客户在谷歌应用程序中遇到崩溃状况。

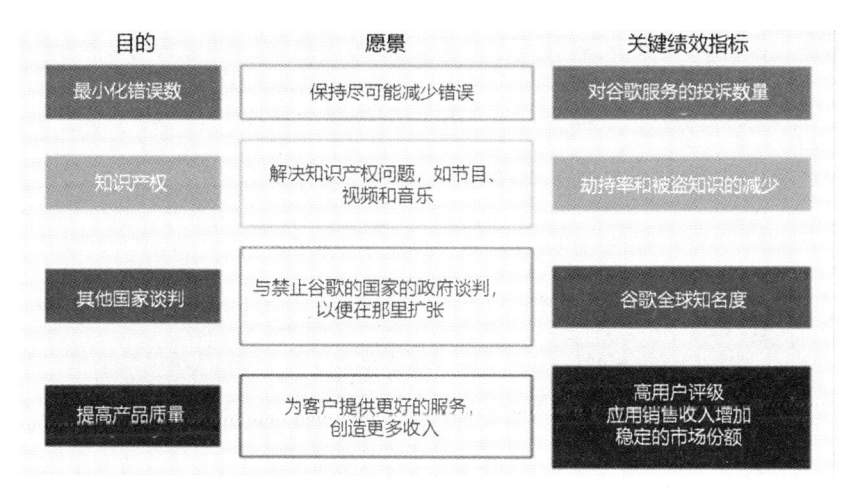

| 目的 | 愿景 | 关键绩效指标 |
|---|---|---|
| 最小化错误数 | 保持尽可能减少错误 | 对谷歌服务的投诉数量 |
| 知识产权 | 解决知识产权问题，如节目、视频和音乐 | 劫持率和被盗知识的减少 |
| 其他国家谈判 | 与禁止谷歌的国家的政府谈判，以便在那里扩张 | 谷歌全球知名度 |
| 提高产品质量 | 为客户提供更好的服务，创造更多收入 | 高用户评级<br>应用销售收入增加<br>稳定的市场份额 |

图 6-34　谷歌的关键绩效指标

# 优　　势

图6-35是谷歌的波士顿矩阵，展示了他们产品的市场份额和市场增长。谷歌的明星产品是搜索引擎，因为它占有超过70%的市场份额。

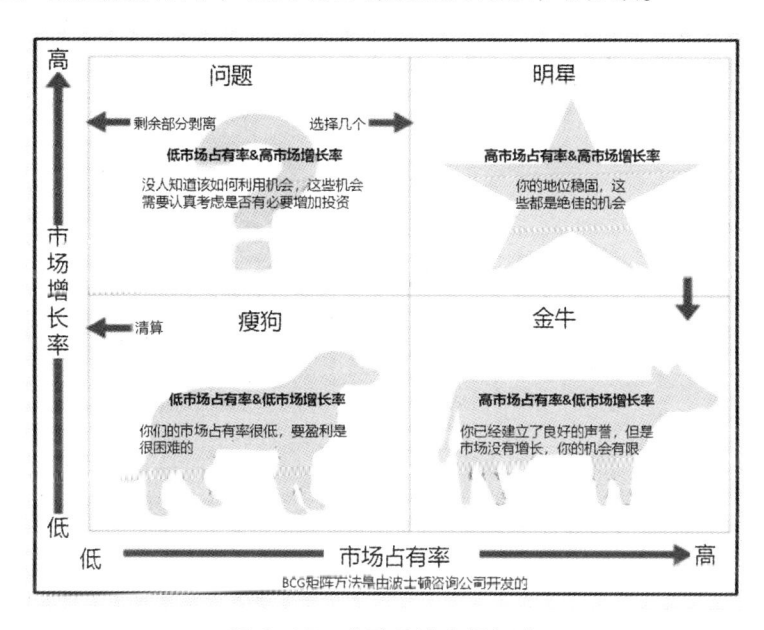

图 6-35　谷歌的波士顿矩阵

图6-36是谷歌产品的微笑曲线，它根据产品是基于资源还是基于能力来确定产品的位置。例如，谷歌搜索和YouTube是基于能力的产品，被认为是原始品牌制造商。谷歌邮件和谷歌地图被认为是原始设计制造商。原始设计制造商利润最低，因为它为谷歌所代表的其他品牌提供服务。

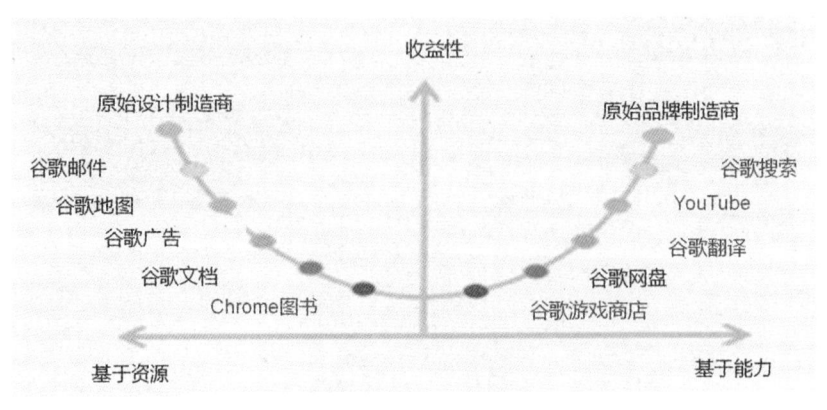

图 6-36　谷歌产品的微笑曲线

为了完成竞争优势的设计思维分析，谷歌使用图6-37所示的安索夫矩阵进行产品开发和市场发展。

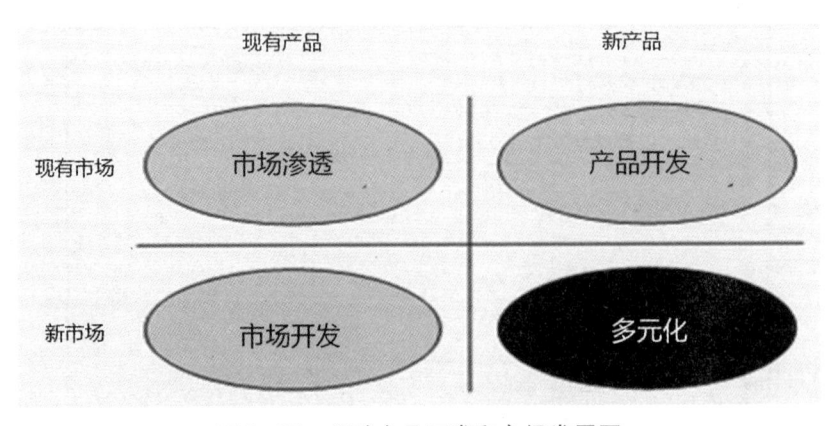

图 6-37　谷歌产品开发和市场发展图

进入评估是至关重要的。例如，如果谷歌决定增加谷歌Chat的市场渗透率，他们可以通过为谷歌Suite提供更多折扣来提供一系列福利。

# 适 应

为了实施图6-38所示的设计思维流程，谷歌需要将设计思维流程的8个步骤与全方位整合式思维8As和Kotter的变革管理的八个步骤相结合，使其在实施过程中"防弹"，以克服变革的阻力，并将来自内部或外部消极的利益相关者的破坏风险降至最低。

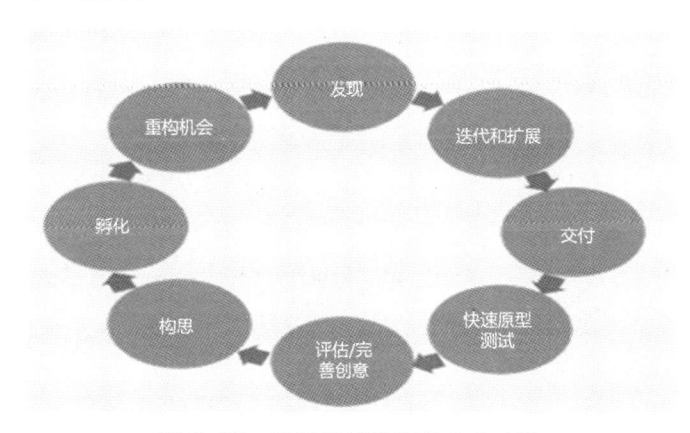

图6-38 设计思维流程的8个步骤

设计思维流程的8个步骤：

- 发现谷歌用于研究的数据，如营销工具、文化和用户数据。
- 迭代和扩展，监控想法是如何被实现的。不断学习，不断创造，不断创新。
- 修改部分模块后交付最终产品并发布。
- 在一个团队或市场中快速原型测试，以获得反馈，给客户评论和批评的机会，并由此提出改进性能的建议。
- 评估和决定应该改进什么。
- 通过对适合市场的产品进行头脑风暴，酝酿突破或改进的想法。

- 通过实验来测试一个想法是否可行。进行实验，为应用程序提供公开测试版，并为 Chrome 图书等产品提供样品。
- 重新规划谷歌可以发展的特定领域的机会，使用谷歌应用程序寻找市场需求。

## 预　　测

实施谷歌的战略有4个风险，如图6-39所示：

| 预期 | | VUCA商业环境 |
|---|---|---|
| | | 不稳定 |
| | | 不确定 |
| 14种全球化力量 | 14个生命周期 | 复杂 |
| 多样性 | 经济生命周期 | 模糊 |
| 技术 | 产业生命周期 | 工业4.0—5.0时代 |
| 便利性 | 技术生命周期 | 经济 |
| 速度 | 投资生命周期 | 商业 |
| 最低成本 | 组织生命周期 | 个人 |
| 质量 | 产品生命周期 | 社会 |
| | | 国家和全球 |

图 6-39　谷歌战略风险预期

- 14 种全球化力量。存在被其他公司模仿和攻击的风险，激烈的全球竞争迫使他们降低成本而影响质量，以及履行政府法规的不确定性从而降低速度。

  解决方案包括实施难以复制的独特技术，在系统中实施可信的网络安全，以及进行持续创新和改进。

- 14 个生命周期——低生产力、低市场份额、低投资、无关技术、被控制的员工。

  解决方案包括合格的员工、连贯战略、灵活而扎实的公司规章和严格的公司治理。

- VUCA 商业环境——财务增长、生产力、市场份额放缓，技术生命周期缩短。

  解决方案包括拥有知识丰富且可靠的员工、专业的技术人员、为员工提供快速学习的坚实基础以及强大的基础设施。

- 工业 4.0—5.0 时代——员工被其他公司控制、客户期望无法实现、伦理或道德矛盾、政府监管和国际安全。

  解决方案包括有效的人力资本实践，以培训和发展一批管理者、领导者和创新者，提高基于项目的绩效奖金的报酬和奖励，营造灵活和符合人体工程学设计的工作环境等。其他富有创意的解决方案包括：员工为自己不断创新和改进工作场所的设计，灵活的工作时间和工作日，但要达到最大的生产力，还需与政府和相关方建立良好的关系，以实现双赢，以及实施可靠的网络安全系统。

❖ 人员

谷歌的首席执行官桑达尔·皮查伊，作为一个领导者，综合了所有六项思考帽。例如，他的领导力是由事实和数字驱动的。他进行商业分析，并通过基于证据的决策进行验证，以渗透市场（白帽）。他激励和鼓舞周围的人（黄帽）。图6-40展示了他的六顶思考帽的概要。

谷歌设计思维理念基于项目管理4.0阶段，如图6-41所示。以用户为中心的战略转化为优先的方案和项目组合，使用最佳实践项目管理流程来实施，其目的是实现个人胜任力、团队行动学习能力和组织竞争力的加速学习。

| 蓝帽<br>希望在全世界传播可访问的<br>信息 | 白帽<br>在做决定之前掌握事实，<br>以便渗透市场 |
|---|---|
| 绿帽<br>没有真正的创造力，但有人<br>能够领导这个组织 | 黄帽<br>从不放弃追求愿景，并感到<br>有动力 |
| 红帽<br>影响他人和促进积极思考的<br>高可信度 | 黑帽<br>总是进行评估（检查和重新<br>检查）的风险承担者 |

图 6-40　桑达尔·皮查伊的六顶思考帽

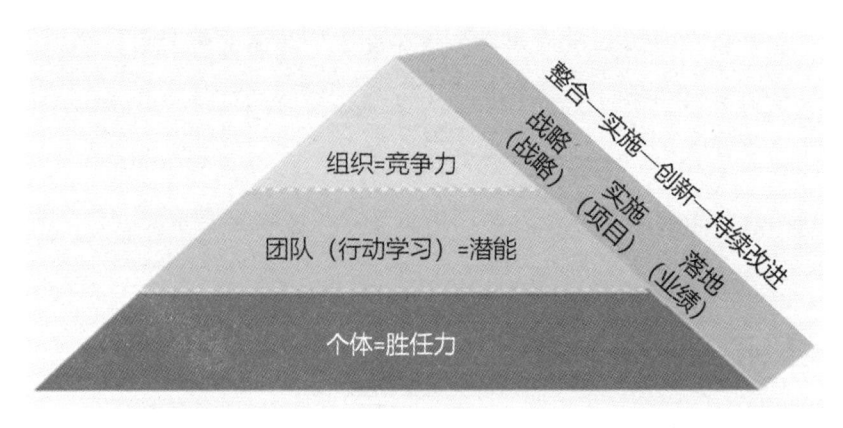

图 6-41　谷歌项目管理 4.0 阶段的设计思维理念

谷歌的个体员工在理论家、实用主义者、反思者和积极分子之间保持平衡。

- 理论家分析一切事物的逻辑。
- 实用主义者直接参与项目的运行。
- 反思者观察和学习。
- 积极分子乐于接受新思想。

图6-42展示了理论家、实用主义者、反思者和积极分子这四种类型的个体学习风格。

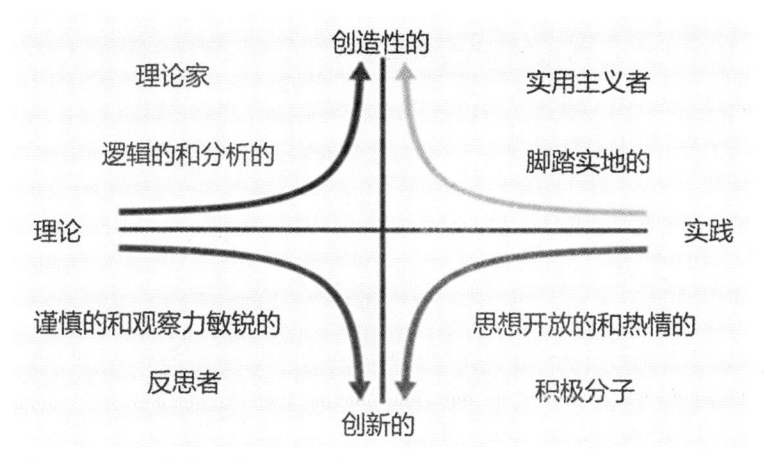

图 6-42 理论家、实用主义者、反思者和积极分子的个体学习风格

谷歌创建的团队中大多是面向社会和面向行动的角色，没有太多的理论和具体的负担。图6-43展示了用户管理项目的八个团队角色。

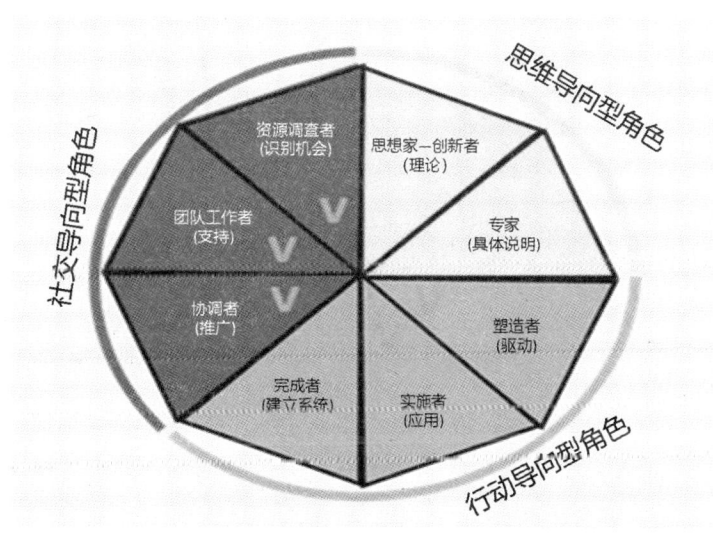

图 6-43 用户管理项目的八个团队角色

项目管理被认为是谷歌管理者的核心能力之一。每个团队成员都应该做出不同的贡献，以获得最大的效益和效率。如果这成为非常规工作的共同语言，团队合作将会更加丰富。

多任务处理对于提高个人技能、创造商业价值和降低成本至关重要。项目经理可以应用80/20规则来管理5个类似的项目，专注于对绩效贡献80%的20%的关键活动。这使得平衡的80%可以分配给团队成员。因此，一个项目经理管理5个项目。

图6-44展示了谷歌项目领导的5个特征。谷歌可以帮助员工集中注意力，保持信息流动。员工需要被激励，共同进步。支持组织的决策并遵循公司的道德行为准则。谷歌的专业水平很高，热衷于持续改进，寻求新的机会，解决问题，克服挑战。

图6-44　谷歌项目领导的5个特征

❖ 战略

谷歌需要正确的连贯战略来实现其目标，了解他们的使命并发展他们的核心竞争力。然后，他们可以确定他们的连贯战略，从而提高成长能力。他们还需要了解可能影响其战略的障碍，以及实现愿景和保持独特竞争力所需的关键成功因素。谷歌需要不断丰富可衡量的价值，因为价值驱动行为，行为驱动结果。

谷歌的使命是组织全世界的信息，并让所有人都能获取和使用这些信息。他们一直试图通过创造各种反映他们使命的产品来做到这一点。谷歌的产品框架见图6-45，谷歌在软件工程、硬件基础设施和创新文化方面的核心竞争力如图6-46所示。

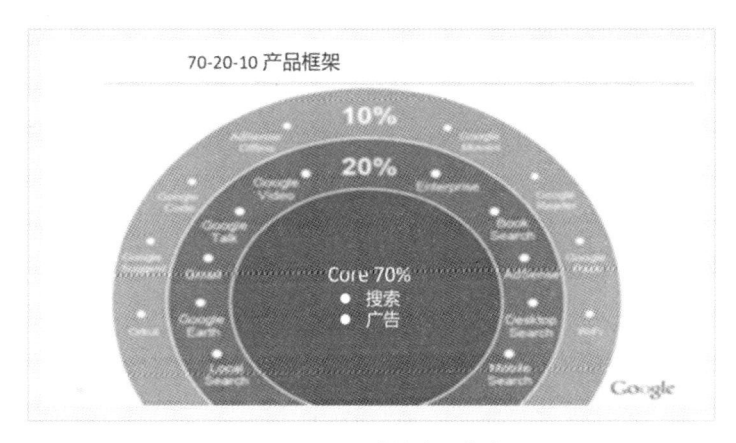

图 6-45　谷歌的产品框架

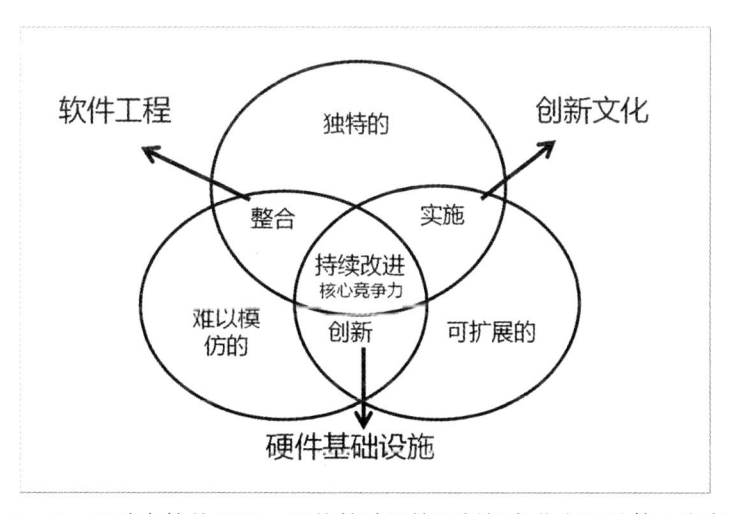

图 6-46　谷歌在软件工程、硬件基础设施和创新文化方面的核心竞争力

然而，仅仅知道他们的使命和核心竞争力是不够的。谷歌需要实施图6-47的核心竞争力的人力资本发展模型。他们的核心竞争力需要是独特的、难以模仿的和可扩展的。"整合、实施、创新和持续改进"的能力需要不断提高。人力资本需要从个人发展到人际关系，进而发展到管理和组织，最终发展到创新，以提高人力资本的质量，而不是数量。

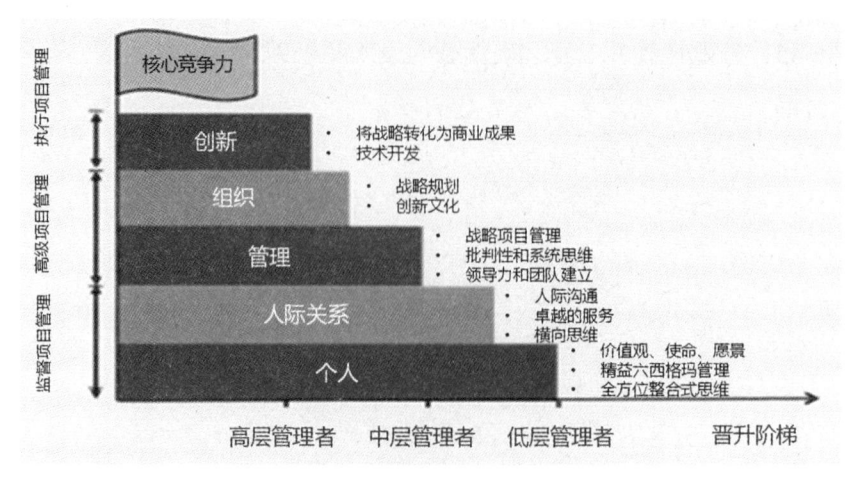

图 6-47 核心竞争力的人力资本发展模型

谷歌在运用全球战略视角下的设计思维时，追求全球多元化，如图6-48所示，其重点需要放在核心竞争力上，以扩大全球市场，并修复、出售或关闭所有没有竞争力的产品线。

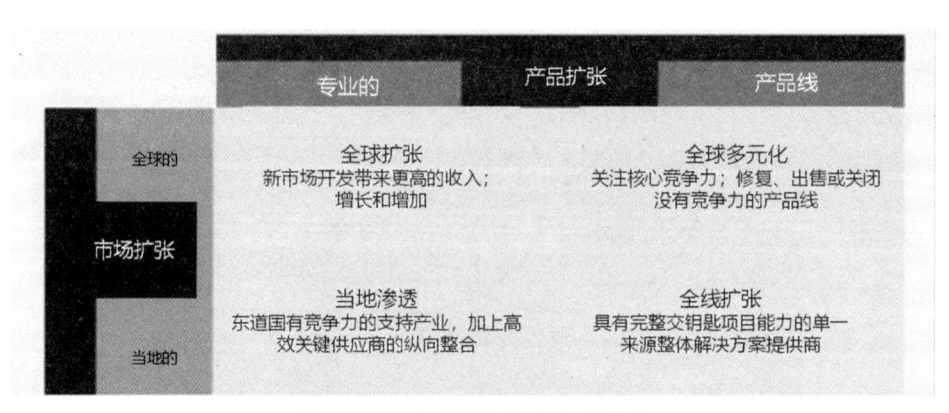

图 6-48 谷歌的市场和产品扩张

图6-49展示了谷歌目前的战略，被称为4E：扩张、吸引、赚取和实践。谷歌的以用户为中心的设计思维战略旨在让更多人更频繁地使用谷歌。这意味着增加客户的休闲时间，通过不断地创新吸引更多的客户，赚取更多的收入，并拥抱实践文化。这是谷歌自成立以来的战略，他们继续利用改进的知识和技术开发产品，在成本、质量、速度、可靠性和灵活性方面进行竞争。

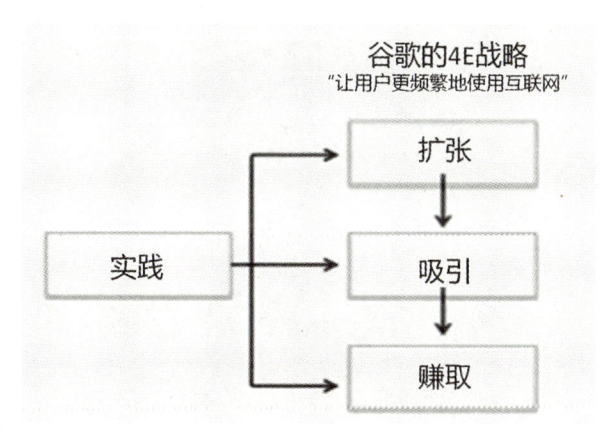

图 6-49　谷歌的 4E 战略

然而，将4E作为他们的战略并不足以达到他们的目的。如图6-50所示，他们还需要用4E的全方位整合式思维来实践设计思维。

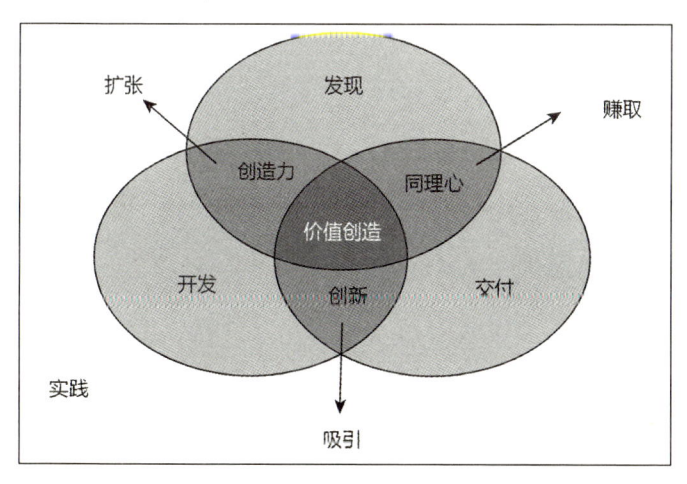

图 6-50　谷歌的设计思维战略

谷歌还融入了蓝海战略理念，为客户提供最佳性价比。图6-51显示了三种连贯战略：

- 卓越运营
- 产品领先
- 客户体验

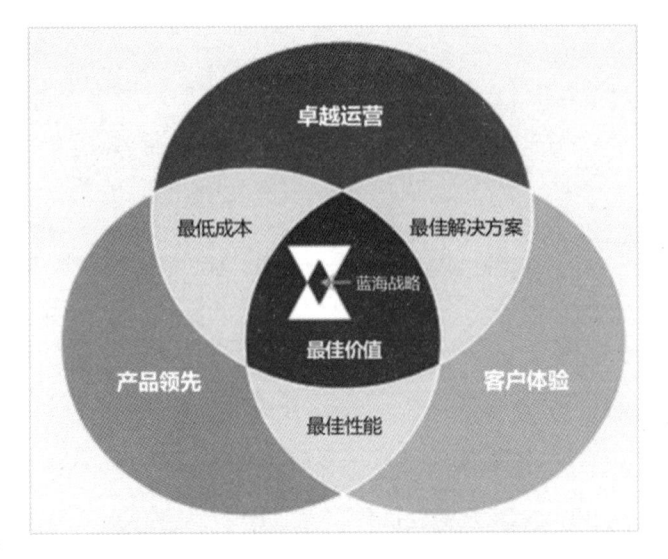

图 6-51 谷歌的最佳价值和蓝海战略理念

他们还需要适应终端用户不断变化的需求，在不同的时间点采取不同的具体行动。利益相关者必须一次专注于一种连贯战略，当他们改变到另一种连贯战略时，不同的管理层必须知道正在发生什么。一种有效的设计思维战略可以通过危机扭转风险应对计划来预防风险，当危机真的发生时，必须控制损失。

精益六西格玛是图6-52中展示的流程驱动的改进项目，有六个步骤。

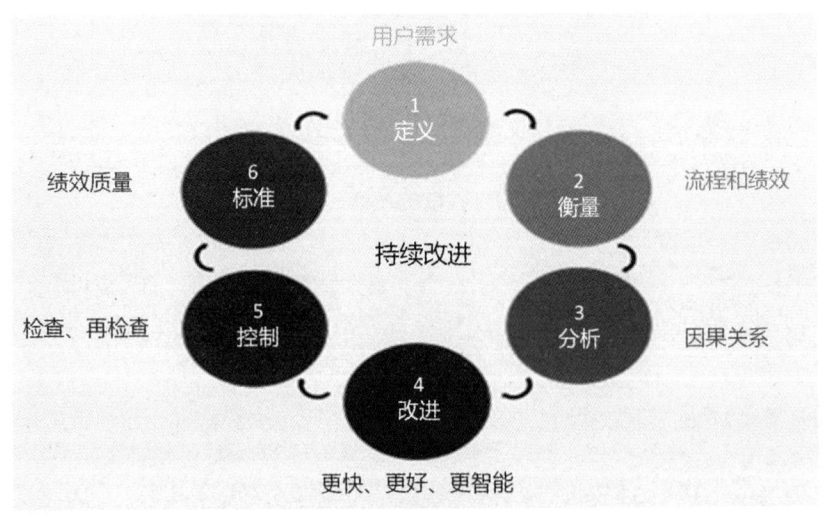

图 6-52 精益六西格玛

- 明确他们的主要客户是谁，他们的需求是什么。
- 知道如何衡量他们的流程，并识别哪些表现不佳。
- 分析绩效不佳的原因和影响。
- 提高性能，变得更快、更好、更智能。
- 不断检查和再检查，以确保性能是可实现的和可重复的。
- 规范产品的性能质量，提高客户满意度。

图6-53展示了谷歌必须加强的四个关键成功因素，以确保其连贯战略奏效。

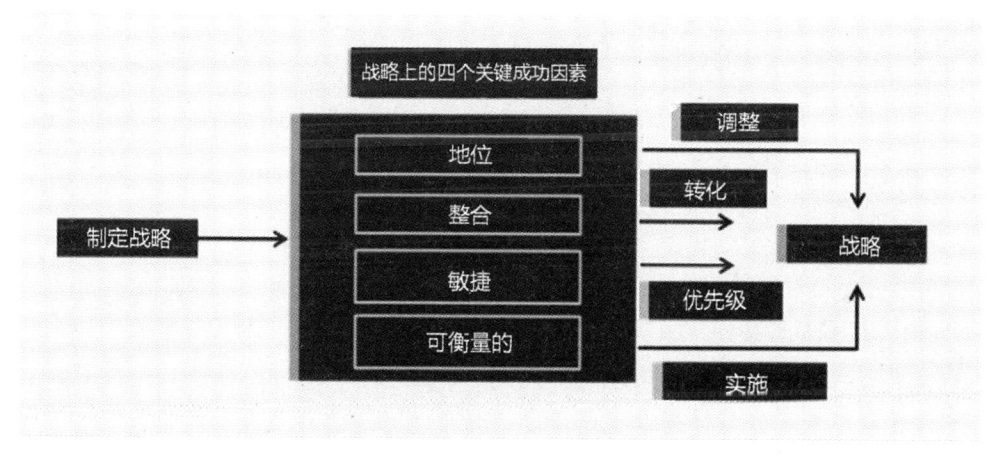

图 6-53　谷歌必须加强的四个关键成功因素

与这些成功因素相关的有四项基本活动。

**战略规划**

- 强大的能力和全面的资源。
- 创新方法和产品集成。
- 接触全球范围内的大量互联网用户。
- 专注于提升用户体验。
- 创造新的市场需求。

**战略决定性**

- 对齐领导。
- 致力于尖端技术。
- 全球扩张。
- 有效的商业模式。
- 通过并购获得专利。

**环境不稳定**

- 了解并计划将VUCA商业环境的影响降至最低。
- 应对工业4.0—5.0时代的发展。
- 利用14种全球化力量带来的机遇。
- 分析和管理影响业务的14个生命周期。

**组织反应**

- 连贯战略和良好的执行能力。
- 对环境问题和环境状况有深刻的理解。
- 对市场和用户保持敏感。
- 培养熟练地解决问题的技巧和方法。
- 改善组织文化和决策过程。

图6-54展示了谷歌需要克服的四个障碍。

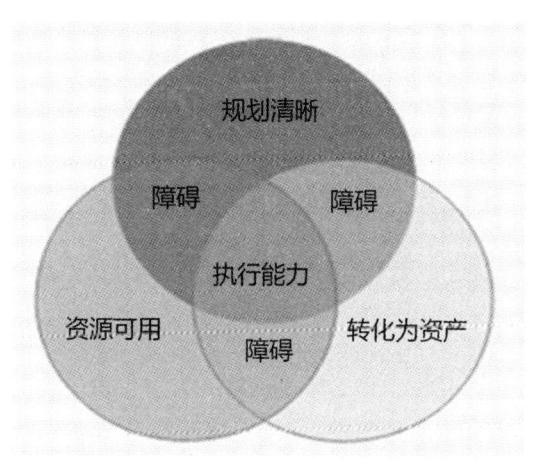

图 6-54　谷歌需要克服的四个障碍

- **执行能力**：需要在招聘、保留和激励其技术精湛的团队方面保持高度努力，以实现他们的长期愿景并实施连贯战略。
- **规划清晰**：需要了解受全球快速变化影响的市场的真实需求。
- **资源可用**：需要与相关资源保持同步，通过优化和利用资源以获得最大生产力来保持竞争力的需要。
- **转化为资产**：需要保持和实践其创业和创新文化及其强大的品牌声誉。

谷歌如果忠于他们的使命（核心竞争力）和连贯战略，他们将能够实现他们的愿景。谷歌的愿景（独特的愿景）是提供一键获取全球信息。

谷歌有三种不同的能力：

- 他们的独特竞争力在于他们的人力资本和高绩效文化。他们只雇佣世界顶尖大学的优秀毕业生，如图6-55所示。
- 谷歌被评为2017年最适合工作的公司之一，如图6-56所示。
- 他们鼓励员工应用开箱即用的设计思维，并灌输同质化的创新文化。

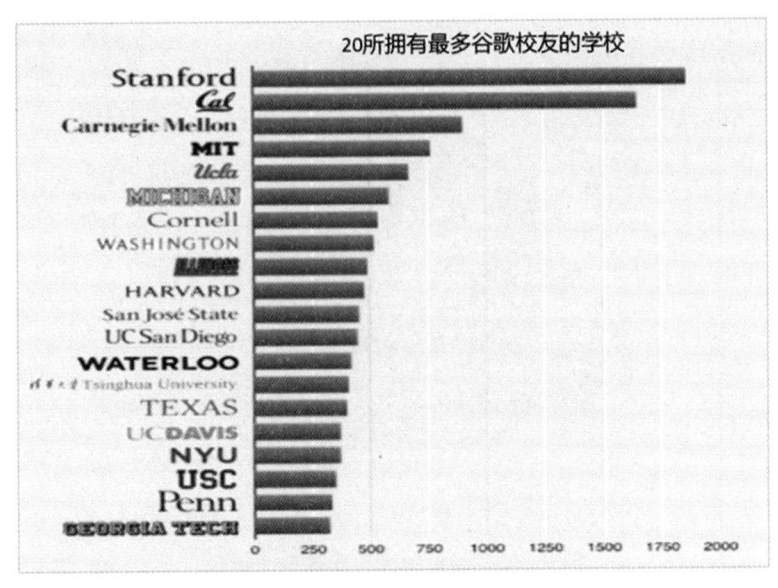

图 6-55  20 所拥有最多谷歌校友的学校

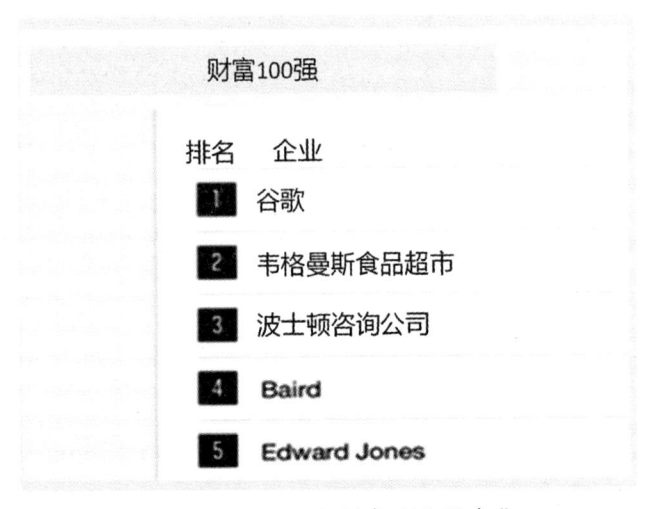

图 6-56  2017 年财富 100 强企业

谷歌的另一个显著优势是他们的品牌知名度。如图6-57所示，它被列为世界上顶级的搜索引擎，并一直保持高速增长。谷歌在品牌价值方面，即资产方面也有明显的竞争力。2016年，谷歌被公认为世界上最有价值的品牌，见图6-58——品牌金融研究2017。

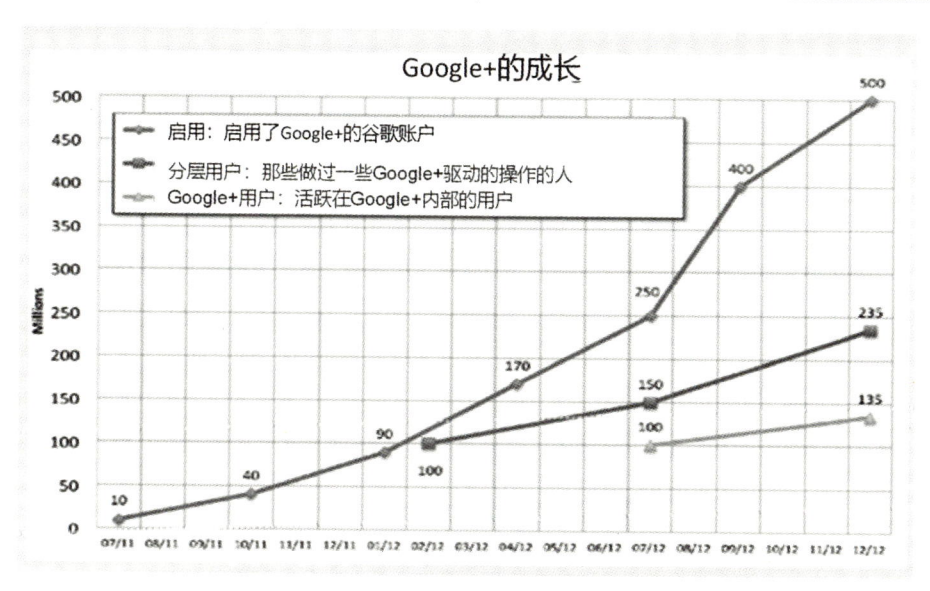

第六章 预测：设计思维什么时候最有效

图 6-57　Google+的成长

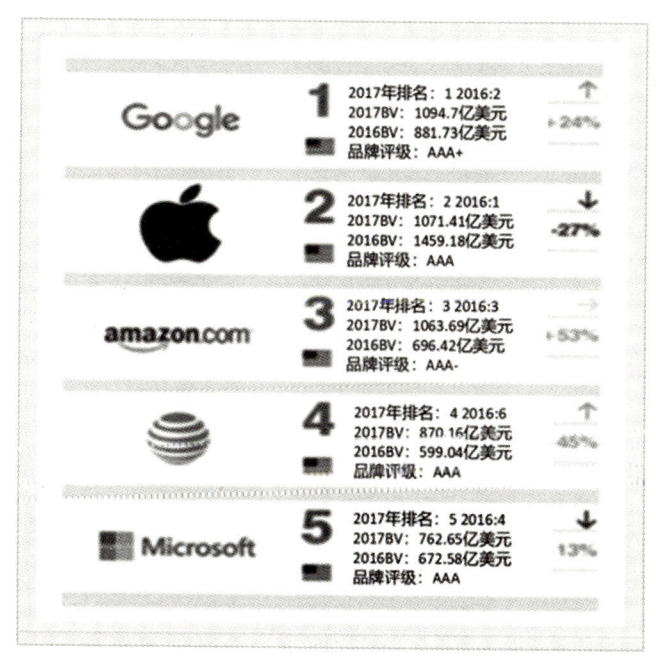

图 6-58　品牌金融研究 2017

· 163 ·

谷歌的设计思维战略包含了培养具有技术创业的人才需求，即创新者，如图6-59所示。

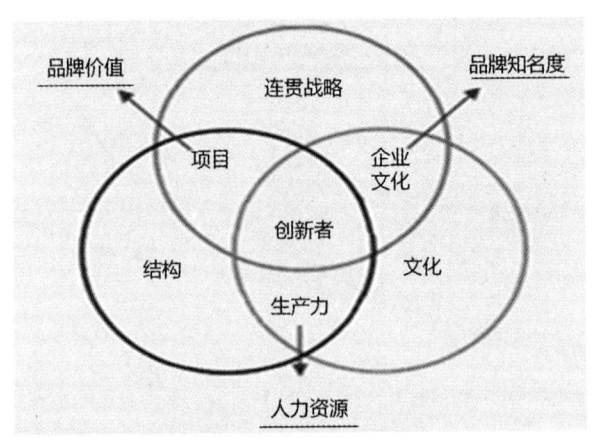

图 6-59 谷歌的创新者

创新者是一个人。创新是一个倍增的过程，旨在培养一批创新者，他们不是企业主，但行为举止像企业主。这是通过获得永久和可持续的竞争力，比竞争对手更快、更好、更智能地实现愿景的可靠途径。

战略是由人来执行的，项目的成功实施也是如此。当务之急是建立一支在管理、领导和创新三部曲中表现出色的人才队伍，即有能力的全脑管理者，他们应用最佳实践流程来执行连贯战略，最终使公司在最高执行能力的文化中迅速发展。

然而，正确的组织结构，即项目化的组织结构，必须设计为支持连贯战略，以成功地实施项目，与关键利益相关者建立正确的伙伴关系，从而在生产力方面获得卓越的表现。

谷歌有一种叫做"谷歌精神"的价值观。这使谷歌的每个人都能实现他们可衡量的价值观、目标和高绩效组织文化的目标。这些价值观是：

- 做正确的事情。
- 追求卓越。

- 关注目标。
- 积极主动。
- 多走一步。
- 为他人做些好事，没有任何附加条件。
- 友好和平易近人。
- 重视用户和同事。
- 奖励出色的表现。
- 保持谦逊，放下自我（至少有时）。
- 透明、诚实和公平。
- 有幽默感。

# 加速行动学习

没有加速行动学习，即边做边学，设计思维是不完整的。对问题的反应是自我反省或内省，以确定问题的根源，然后找到解决问题的方法。知识的不断积累被认为是一种组织资产。如果设计是原创的，或者流程是一项发明，它可以以版权或专利的形式成为知识产权。我们在以概念为基础的经济时代蓬勃发展，智力竞争优势不应被低估。

图6-60展示了使用九宫格解决方案的设计思维工具。

图6-61展示了全方位整合式和VUCA矩阵。

图6-62展示了全方位整合式设计思维矩阵。

图6-63展示了设计思维之家的影响力。

图6-64展示了谷歌战略加速行动学习之家。

图6-65展示了谷歌的基于项目的加速行动学习©方程。

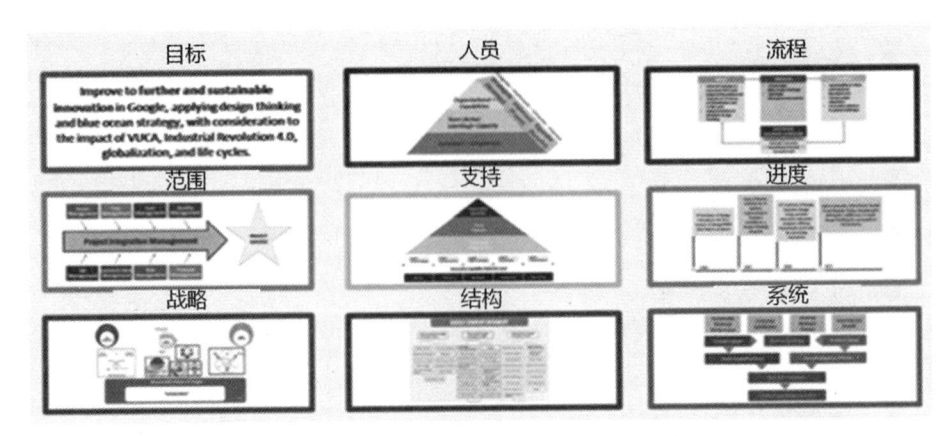

图 6-60 使用九宫格解决方案的设计思维工具

图 6-61 全方位整合式和 VUCA 矩阵

图 6-62 全方位整合式设计思维矩阵

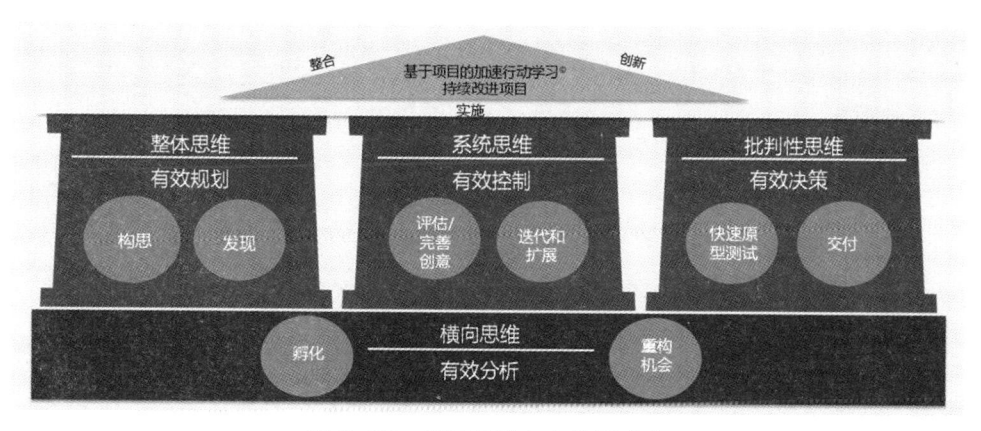

第六章　预测：设计思维什么时候最有效

图 6-63　设计思维之家的影响力

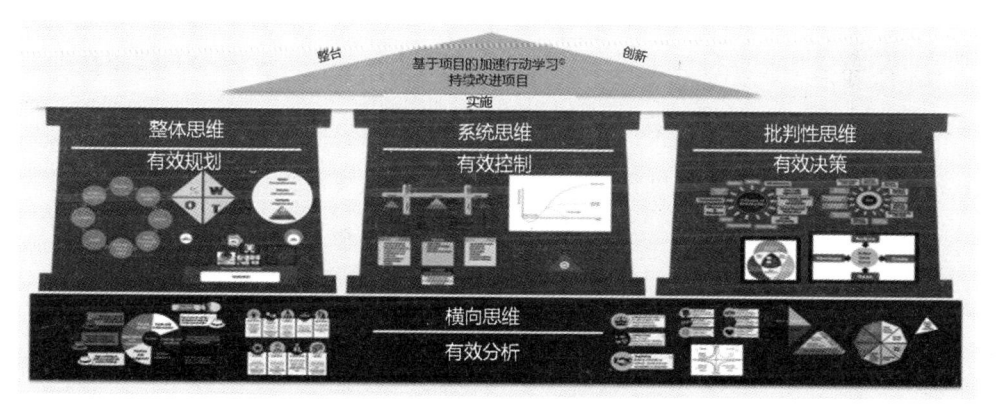

图 6-64　谷歌战略加速行动学习之家

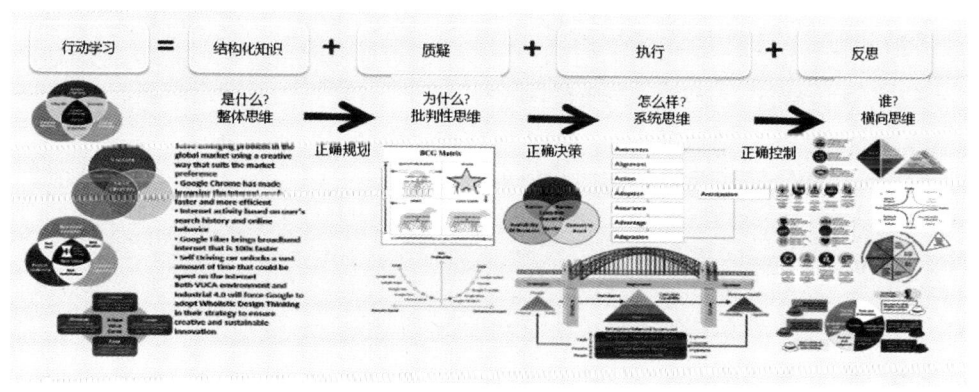

图 6-65　谷歌的基于项目的加速行动学习©方程

· 167 ·

# 结　语

在当前VUCA商业环境与工业4.0—5.0时代相结合的情况下，谷歌运用设计思维来影响和用全方位整合式思维来加速学习以赶上全球化浪潮是至关重要的。其主要目标是利用全球化的14种力量来生存、发展、繁荣全球化互联网业务，以应对更高的商业风险和来自中国和印度等国家的极致挑战，这些国家将利用云计算、数字技术、物联网、大数据等在未来的智能技术中竞争。

创新和增加商业价值是寻求最低成本、最佳性能和最佳体验的整体解决方案。设计思维是以用户为中心的利益相关者关系与价值管理，注重互利共赢的联结。蓝海战略和颠覆性创新理念融入了谷歌的设计思维体系，谷歌不断追求价值创新，即将昂贵而复杂的产品和服务转变为简单（用户友好）且实惠的产品和服务。

谷歌只关注三种连贯的以用户为中心的战略：

- 最低成本实现卓越运营。
- 最佳性能的产品领先地位。
- 最佳解决方案的客户体验。

这一系列连贯战略的三部曲将使谷歌能够：

- 保持竞争优势。
- 提高核心竞争力。
- 提高成长速度。
- 实现独特的品牌领导能力。
- 被公认为是最适合工作的公司之一。

设计思维对于谷歌的全球战略管理非常重要，特别是在当前全球商业环境的挑战下。企业不仅与实体企业竞争，还与电子商务等虚拟企业竞争。

这本书的主要目的是强调从二维思维转换到三维视角的重要性。独立的设计思维难以发挥其最大的影响力，为了实现加速行动学习，必须通过全方位整合式流程（8As）和10个工具，与全方位整合式思维协同。这些工具直接应用于实际项目，即基于项目的加速行动学习©。

通过麻省理工学院、哈佛大学、斯坦福大学、乔治华盛顿大学等世界一流大学开展的行动研究，观察到轻量级、中等量级和重量级项目，加上行动学习，推动了敏捷领导者的培训和发展。吸取的教训提供了最有价值的资产——获得的知识——专业能力！

# 后记

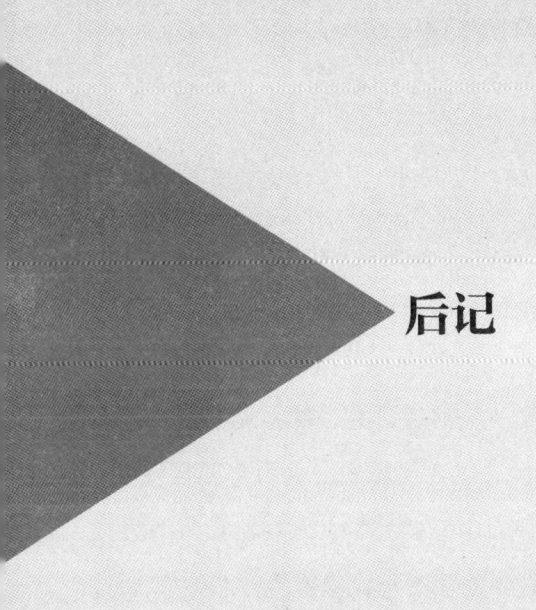

　　设计思维是由人员、流程和实体世界执行的战略；战略是以用户为中心驱动的；流程是利益相关者关系与价值驱动的；人员是能力驱动的；实体世界是技术驱动的；融合全方位整合式思维的设计思维将成为未来的思维技能。

——作者

管理者是一个善于管理流程和系统的人。

领导者拥有T技能（包括硬/技术技能和软/人际技能），善于影响一个有效的团队，实现目标和SMART目标，并取得高产结果。

创新者是一个持续价值创新的人，对技术有高度的敏感，并利用技术获得最大的优势，对成功充满热情。

这三者都是以人为本的。

设计思维是流程驱动的，以倍增效应的原则为基础，不断增强和改进管理、领导和创新的能力。战略是培养和训练一批优秀的设计思考者，他们可以成为有能力的管理者、有效的敏捷领导者和杰出的创新者。

我们常常误解战略只是一个计划，但要执行战略计划，就必须把战略计划转化为合乎逻辑的流程顺序。例如，为了执行以实现最低成本为主要目标的、设计思维利益相关者关系与价值的、以用户为中心的战略，该战略被分解为八个逻辑过程的序列（Naiman, 2017），这与全方位整合式思维的8As是同步的，如表7-1所示。

表7-1 以用户为中心的战略与全方位整合式思维的 8As

| | |
|---|---|
| 发现 | 选择一个肯定的、战略性的话题<br>收集数据<br>理解和共鸣未被满足的需求<br>产生认知（我知道） |
| 重构机会 | 寻找模式和洞察力<br>问题的假设<br>框定你的观点<br>定义你的范围<br>确保对齐（我们理解） |
| 孵化 | 开关齿轮<br>用不同的刺激来输入你的大脑<br>冥想<br>睡一觉再思考<br>实施行动（我们可以） |

（续表）

| | |
|---|---|
| 构思 | 探讨可能性<br>展望理想的未来<br>在不同的团队中共同创造<br>让你的想法可视化<br>鼓励实施（我们想要） |
| 评估/完善创意 | 关于你的想法，什么是可取的、可行的、切实的<br>约束条件是什么<br>执行巩固（我们擅长） |
| 快速原型/测试 | 高瞻远瞩<br>小的行动<br>快速失败<br>向最终用户学习并改进<br>增强适应（我们改变） |
| 交付 | 最终测试、批准和发布<br>拥抱优势（我们进步） |
| 迭代和扩展 | 评估<br>学习<br>创建<br>创新<br>加强预测（我们检查） |

将设计思维战略转换为八个逻辑流程布局可以在一个闭环系统图中展示，如图7-1所示。

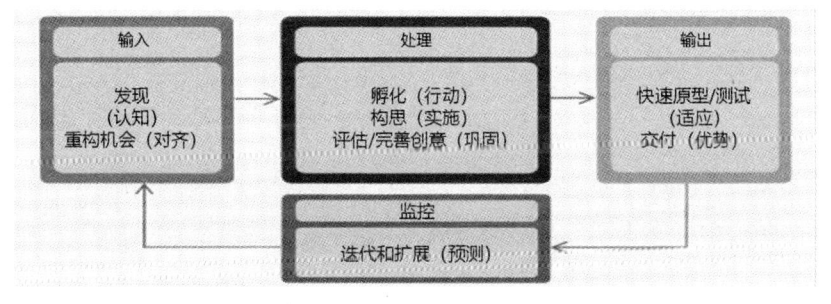

图7-1 将设计思维战略转换为闭环系统图

实体世界驱动属于全方位整合式思维的范畴，这是一种独特的、可扩展的、多学科的处理方式，具有倍增效应，可以在整个组织中培养和发展更高的管理能力、领导力和创新者精神。最终，组织绩效文化很难模仿，因为能力是基于项目的加速行动学习©的结果，这对于加速行动学习至关重要。

设计思维战略的好坏取决于人员、流程和实体世界的执行能力。任何不足都会导致次优化。

## ❖ 认知——什么是设计思维

图7-2描述了设计思维中管理、领导和创新的本质，即培养一系列有能力的管理者、真正的敏捷领导者和世界级一流的公司员工以及有能力的创新者的过程，这些人不仅为自己考虑，而且为组织考虑，具有获得、维持和扩大成功的富足心态，为社会做出重大贡献，追求社会公司治理和责任/共享价值/慈善事业，为地球造福。

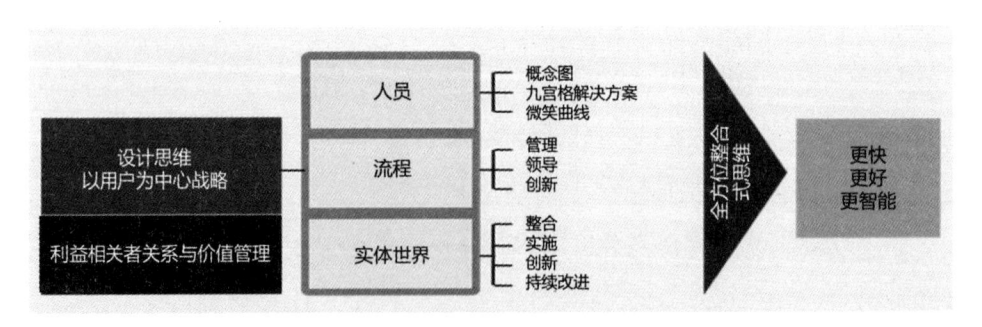

图 7-2　设计思维中管理、领导和创新的本质

## ❖ 对齐——为什么设计思维是一项关键任务

领导者需要一个令人信服的愿景，让每个员工都相信这个组织，因为它的价值观是可以衡量的，并由一种连贯战略指导。当连贯战略对公司至关重要时，

它就有更大的成功机会（Hagemann等，2017）。

图7-3展示了以下关系：

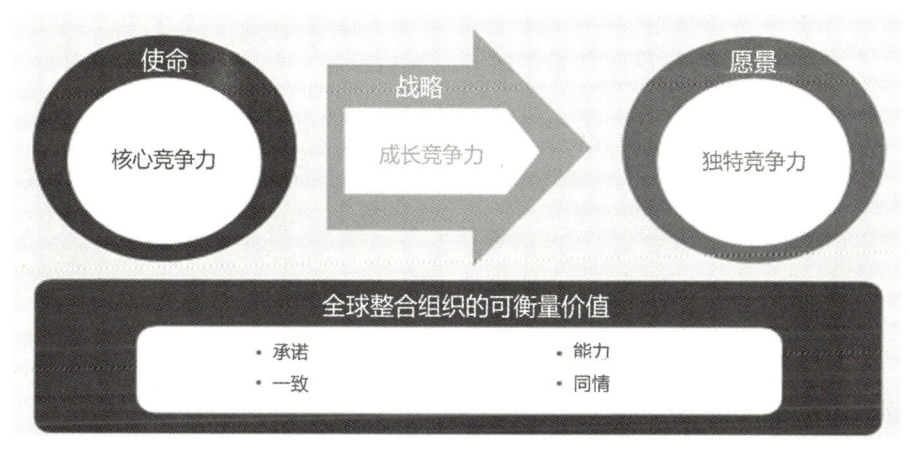

图 7-3 使命、战略、愿景和价值观的协调

- 使命——公司的核心竞争力。
- 战略——提高员工的成长竞争力。
- 愿景——通过在股票市场上的品牌资产来衡量公司品牌领导力的独特竞争力。

如果没有清晰且可衡量的关键绩效指标来衡量他们的价值，成功将不会持久。战略可以改变，价值观保持不变，需要时间和巨大的努力来培养和完善我们的工作/行为方式，这就是文化。正如通用电气公司前首席执行官兼董事长杰克·韦尔奇所言，"价值观驱动人们的行为；人们的集体行为推动企业绩效"。员工必须有强烈的归属感和提高自身能力的决心，作为个人表现更好的能力，以提高团队的多任务处理能力。

提高实现卓越执行的能力，管理简单到复杂项目的个人和团队能力的总和将产生绩效的组织文化，以巩固以成本、质量、速度、可靠性（可靠的交付保证）和灵活性优势衡量的赢得订单的关键绩效指标。

### ❖ 行动——如何培养设计思维

价值创新——在提高商业价值的同时降低成本,是管理、领导和创新的设计思维能力的三部曲。这一基本原理是基于有效的利益相关者关系与价值管理而产生的以用户为中心的战略。Kim和Mauborgne(2015)称之为蓝海战略。如果以用户为中心的战略是为实现最低成本的连贯战略,那么所有的关键利益相关者,即供应商,供应商,职能部门——营销、制造、研发、供应链和物流等必须专注于卓越运营。因此,设计思维战略是清晰和透明的——没有留下任何假设的空间。

图7-4至图7-6展示了在管理、领导和创新方面提高多学科能力的流程驱动的结果。由人员—流程—实体世界组成的组织的核心竞争力必须保持独特性(全方位整合式思维)、可扩展性(多学科)和难以模仿性(基于项目的加速行动学习©)。学习速度必须大于或等于工业4.0—5.0时代中VUCA经济的变化速度。否则,该组织可能会一夜之间变得过时,例如诺基亚、摩托罗拉。商业挑战变得更加不稳定、不确定、复杂和模糊,业务环境的变化速度也不再可预测。

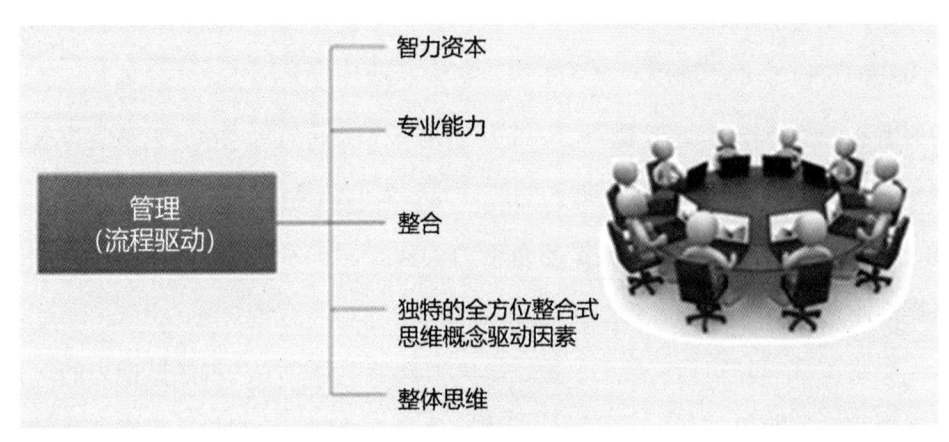

图 7-4 管理熟练度

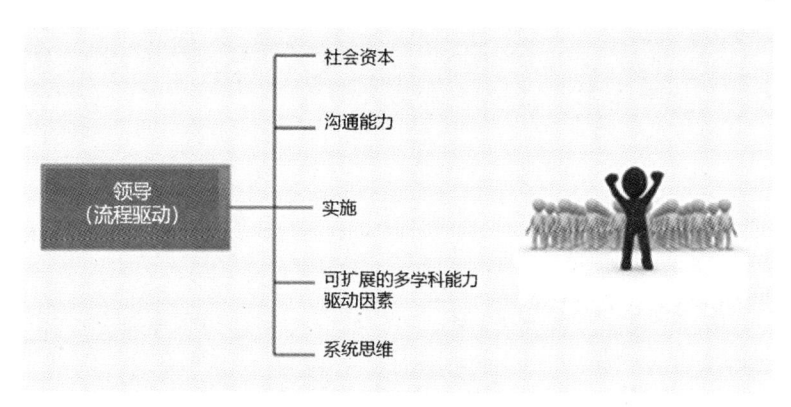

图 7-5　领导熟练度

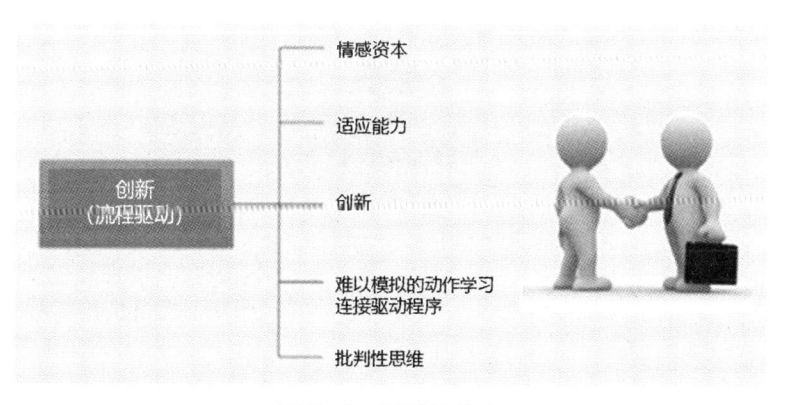

图 7-6　创新熟练度

图7-7展示了三种熟练程度的三部曲。

| 战略 | 整合 | 实施 | 创新 |
| --- | --- | --- | --- |
| 人员 | 智力资本 | 社会资本 | 情感资本 |
| 流程 | 管理 | 领导 | 创新 |
| 实体世界 | 整体思维 | 系统思维 | 批判性思维 |
| 加速行动学习 | 个体能力 | 团队能力 | 组织能力 |
| 目标 | 专业能力 | 沟通能力 | 适应能力 |

图 7-7　管理熟练度、领导熟练度和创新熟练度三部曲

· 177 ·

❖ 实施——谁是真正的设计思考者

一个真正的设计思考者是一个可以被培养和发展成一个有能力的管理者、有效的敏捷领导者和精明的创新者。

图7-8展示了工业4.0—5.0时代和VUCA经济中敏捷设计思维能力的三部曲。

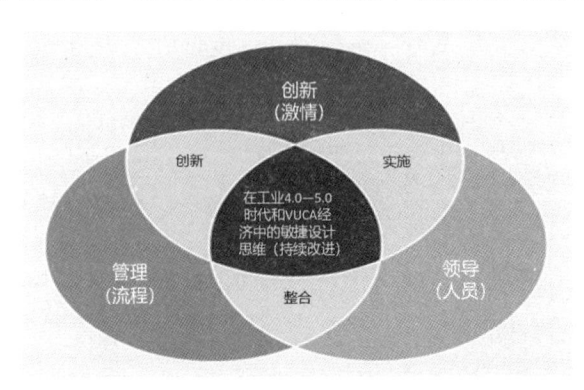

图 7-8 工业 4.0—5.0 时代和 VUCA 经济中敏捷设计思维能力的三部曲

图7-9展示了更详细的分解结构。

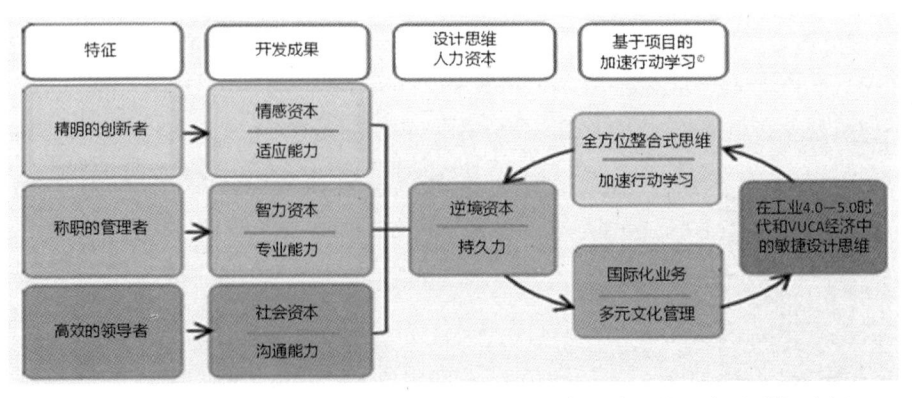

图 7-9 工业 4.0—5.0 时代和 VUCA 经济中敏捷设计思维能力的详细分解

能培养和发展多少敏捷设计思考者并不重要，重要的是通过投资培养这些有才华的设计思维人才的质量和态度，从而为公司留住人才并提高投资回报率。

## 后记

  实施是指公司员工对变革的接受。如果没有进行有目的的规划变革的实施或过渡管理，企业/战略计划将遇到受影响者的强烈抵制。Kotter设计了一个八步变革过渡管理流程，该流程可以与利益相关者沟通策略的6As相结合。这将有助于实现从旧的组织行为到新的积极行为的平稳过渡。

  图7-10至图7-12展示了改变传统管理者思维模式的不同方法，以将他们转变为全脑型（全方位整合式）管理者。

| 流程 | Kotter的变革管理八步曲 | 目标/解决方案 | | 阶段 |
|---|---|---|---|---|
| 认知 | 建立变革的紧迫感 | 为什么要变革<br>为什么要现在变革 | 人员 | 结束<br>（放手） |
| 对齐 | 组建强大的领导联盟 | 还有谁需要参与 | 人员 | |
| | 建立愿景 | 完成后会是什么样子 | 人员 | |
| 行动 | 沟通愿景 | 谁来负责 | 人员 | 中立区<br>（无差异） |
| | 移除障碍 | 怎么样实施 | 全方位整合式思维的流程和实体世界 | |
| 实施 | 计划并获得短期成功<br>巩固成果和持续深入开展变革 | 将如何衡量 | 全方位整合式思维的流程和实体世界 | |
| 巩固 | 植入组织文化 | 怎么才能让它持久 | 全方位整合式思维的流程和实体世界 | 新的开始<br>（变革） |

图 7-10 　将 Kotter 的变革管理八步曲与 6As 结合起来

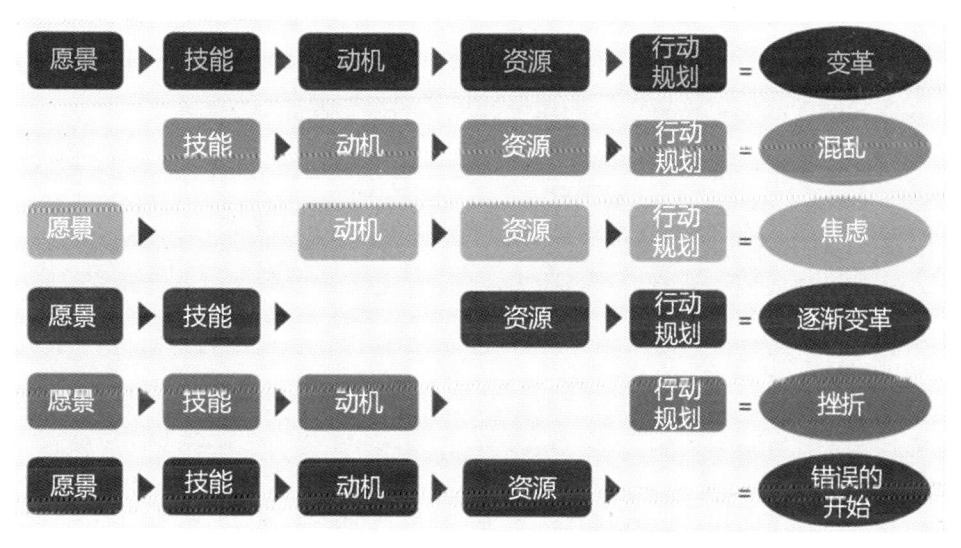

| | | | | | |
|---|---|---|---|---|---|
| 愿景 ▶ 技能 ▶ 动机 ▶ 资源 ▶ 行动规划 | = | 变革 |
| 技能 ▶ 动机 ▶ 资源 ▶ 行动规划 | = | 混乱 |
| 愿景 ▶ 动机 ▶ 资源 ▶ 行动规划 | = | 焦虑 |
| 愿景 ▶ 技能 ▶ 资源 ▶ 行动规划 | = | 逐渐变革 |
| 愿景 ▶ 技能 ▶ 动机 ▶ 行动规划 | = | 挫折 |
| 愿景 ▶ 技能 ▶ 动机 ▶ 资源 | = | 错误的开始 |

图 7-11 　有效变革管理的要素

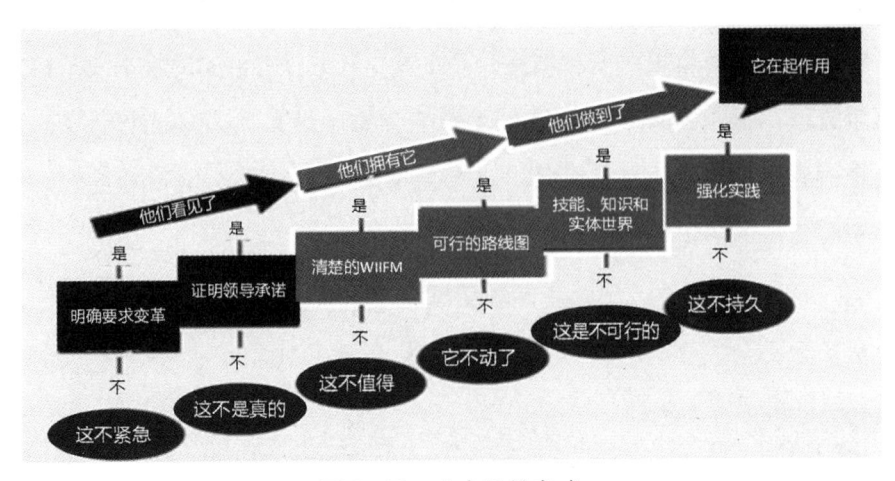

图 7-12　改变思维定式

一个具有高绩效文化的超级团队的一致和和谐的行为，肯定会带来最高的执行能力。

利益相关者关系与价值管理的目标旨在培养一批设计思考者，他们除了具备管理、领导和创新能力外，还具备设计思维和全方位整合式思维的能力。

要想成功，关键不仅仅是培养超人，而是培养超级团队。

❖ 巩固——在哪里加入设计思维

认知使人们集中注意力以知道设计思维的重要性。

对齐是过程的焦点，以便人们理解设计思维的过程所有权。

行动是人与流程并重，专注于行动的设计思维学习优势。

实施是让人们尽量减少变革阻力的驱动过程。通过采纳将员工转变为设计思考者，他们是有能力的管理者、有效的敏捷领导者和杰出的创新者。他们变得愿意通过快速投资于他们的培训和发展来培育和培养有才能的人力资本，以使他们成为公司未来的管理者、领导者和创新者。

这些战略意图说起来容易做起来难。你如何向股东保证投资设计思维人力资本是一个明智而有价值的决定？这就是巩固实体世界的用武之地。

巩固是实体世界驱动的，侧重于反馈和控制系统的设计，使用80/20规则测量正确的关键绩效指标，即20%的关键活动、产品和服务贡献了公司80%的业绩、销售或服务收入。

图7-13展示了战略—实施—落地—度量（S-I-O-M）模型，这是设计思维的工具之一，可以将战略转换为以最低效率和风险实施的优先规划和项目组合。

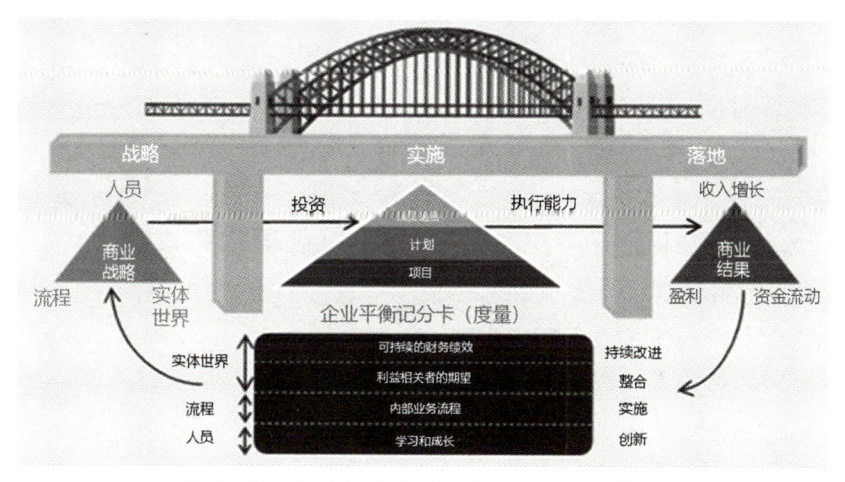

图 7-13 战略转化为项目的 S-I-O-M 模型

图7-14展示了风险管理中使用的工具。

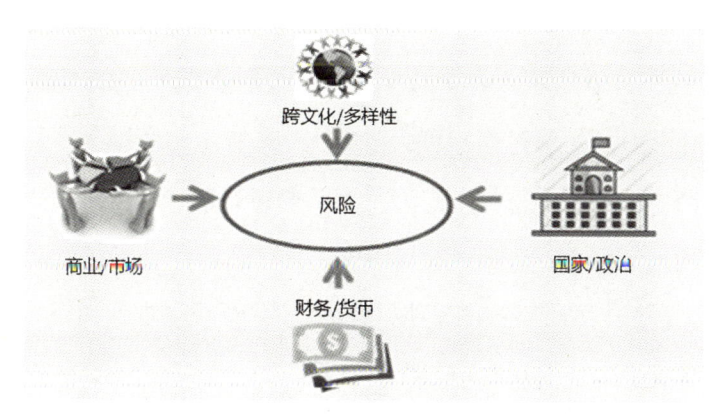

图 7-14 用于管理风险应对的工具清单

图7-15展示了用于设计思维的全方位整合式思维的8As流程。每个设计序列需要不同的分析工具，以确保事物的基本原理和逻辑顺序是可重复的，可以快速实现执行，并且可预测性的容忍度是可接受的。

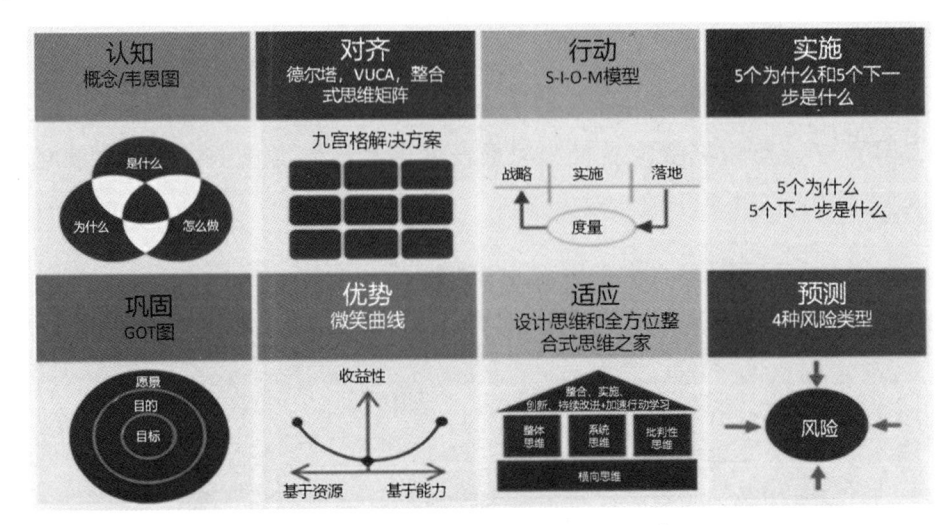

| 认知<br>概念/韦恩图 | 对齐<br>德尔塔，VUCA，整合式思维矩阵 | 行动<br>S-I-O-M模型 | 实施<br>5个为什么和5个下一步是什么 |
|---|---|---|---|
| 是什么<br>为什么 怎么做 | 九宫格解决方案 | 战略 实施 落地<br>度量 | 5个为什么<br>5个下一步是什么 |
| 巩固<br>GOT图 | 优势<br>微笑曲线 | 适应<br>设计思维和全方位整合式思维之家 | 预测<br>4种风险类型 |
| 愿景 目的 目标 | 收益性<br>基于资源 基于能力 | 整合、实施、创新、持续改进+加速行动学习<br>整体思维 系统思维 批判性思维<br>横向思维 | 风险 |

图 7-15　全方位整合式思维的 8As 流程

卓越的执行能力是流程驱动、人员驱动和实体世界驱动的，由正确的战略和正确的技术指导，带来更快、更好和更智能的绩效。

人类和其他动物的区别或许在于我们有思考得更快、更好、更聪明的能力。如果机器人超过我们，我们可能会成为他们的奴隶。我们必须保持对技术的控制，这样技术才不会在工业4.0—5.0时代中统治我们。电脑游戏是技术的例子，但是它们没有提供适合商业需求的技能。当今时代需要的能力是创造商业价值。任何创新都必须是可扩展和可衡量的——更快（速度和交付）、更好（质量）和更智能（成本和灵活性）。如果无法衡量，就无法改进或确定管理。

创新不能只是流动的，它必须是持续的。它必须向主要利益相关者保证可衡量的价值，即我们所信仰的东西以及我们使事情顺利进行的行为方式。

图7-16展示了持续创新的10个重要技巧。

图 7-16　持续创新的 10 个技巧

❖ 预测——设计思维什么时候最有效

设计思维需要结合风险管理，从认知到巩固阶段。图7-17展示了设计思维的垂直流程图。这分为六个层次，每个层次都给出了六个过程的要点。

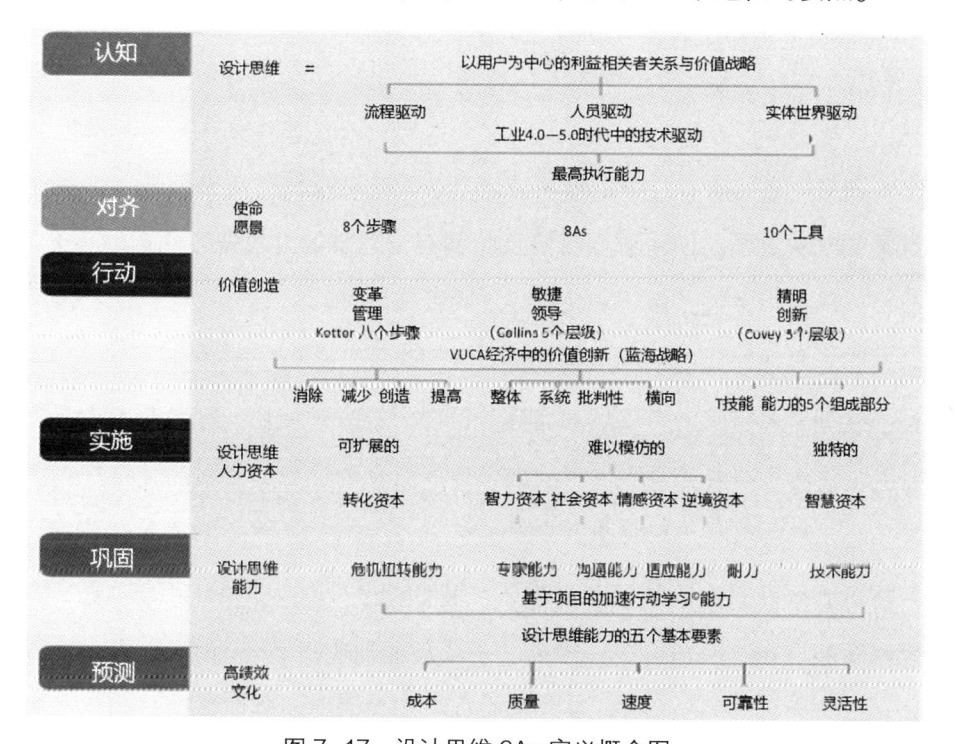

图 7-17　设计思维 6As 定义概念图

在认知层面对风险的预测是为了产生"我知道"或"发现"的设计思维阶段。设计思维是"利益相关者关系与价值的以用户为中心的战略",即用户是最重要的利益相关者。以用户为中心的战略需要转化为一系列优先的方案和项目。战略执行差距取决于组织执行能力在流程驱动、人员驱动和实体世界驱动方面的能力。在工业4.0—5.0时代,每个公司都必须是技术驱动型的。

能力=知识×技能×态度×行动×责任

在对齐层面上对风险的预测可以实现"我们理解"或"重构机会"的设计思维阶段。这就是执行原则的流程负责人对于成功执行以用户为中心的战略至关重要的地方。八步设计思维流程与8As人员流程以及Kotter的八步转型变革管理流程相结合,以消除变革阻力。全方位整合式思维的10个工具被用于执行能力的终极优势。执行速度是由技术驱动的。

在行动层面对风险的预测使"我们可以"或"孵化"设计思维阶段成为可能。这是管理、领导和创新集中精力实现价值创造的领域(蓝海战略的目标)。管理过程是消除、减少、创造和提高产品价值,同时把降低成本以实现最低成本作为制胜因素。领导过程应用整体、系统、批判性和横向思维来得出最佳替代方案或解决方案。创新过程在"五个创新与运营能力模块"的帮助下开发T技能,以保持相关性并保持VUCA经济的领先地位。

在实施层面对风险的预测鼓励了"我们想要"或"构思"的设计思维阶段。这是由转型资本带来的可扩展的管理。领导力很难被模仿,思考型人才能够实现智力、社会、情感和逆境资本的融合。创新企业是智慧资本的独特产物。这些都是公司核心竞争力的要素,因为它回答了"我们为什么存在"的问题。

在巩固层面对风险的预测加强了"我们擅长"或"评估/完善创意"的设计思维阶段。在这种情况下,作为基于项目的加速行动学习[©]的结果,学到的经验教训将产生加速学习,以培养具有危机扭转能力的胜任管理者和具有专家能力、沟通能力和适应能力的有效敏捷领导者。为了获得成功和持续，耐力是至关重要的，拥有技术力量的精明的创新者也是如此。

其他三个设计思维过程的平衡是：

适应层面的风险预测，以加强"我们改变"或"快速原型测试"设计思维阶段。

优势水平是接受"我们改进"或"交付"设计思维阶段。

影响和渗透七个层次的预测层次，即加强设计思维生命周期的"我们检查"或"迭代和扩展"。

# 结　　语

虽然设计思维并不新鲜，但这个概念现在更容易被理论和实践所接受。总之，现在是使用GOT图和概念图来明确定义设计思维的时候了，这些图结合了由正确的人员、流程和实体世界以全方位整合式方法支持设计思维的策略，如图7-18和图7-19所示。

愿景（Goal）
利用全球化和技术突破，实现以用户为中心的利益相关者关系战略

目的（Object）
保持相关性并获得可持续的竞争优势，以在VUCA经济的工业4.0—5.0时代中脱颖而出

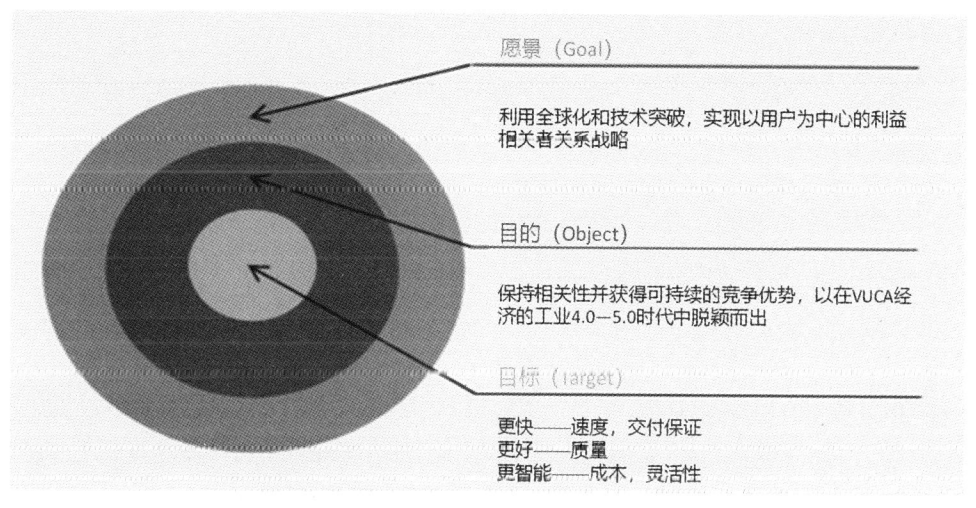

目标（Target）
更快——速度，交付保证
更好——质量
更智能——成本，灵活性

图7-18　设计思维定义GOT图

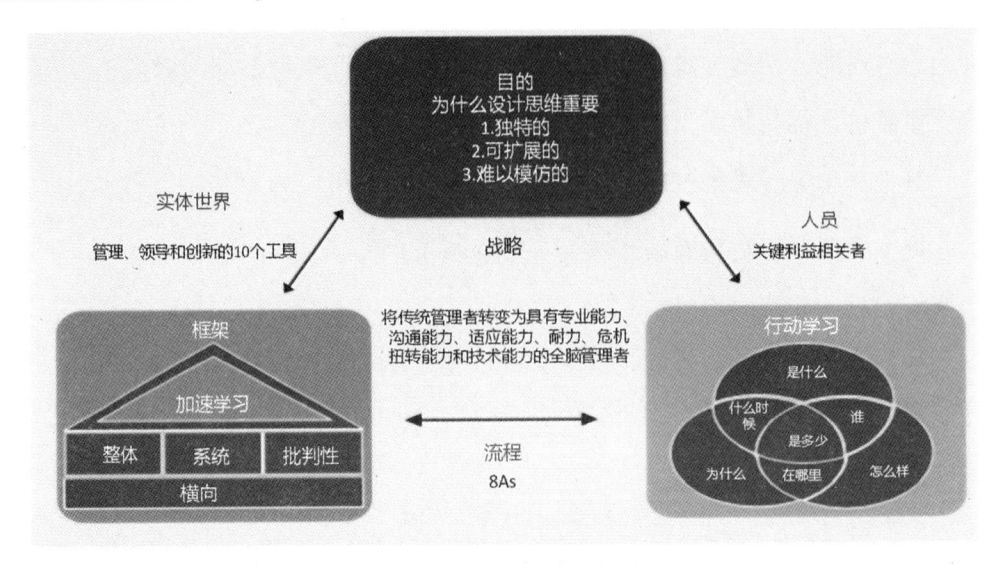

图 7-19　设计思维定义概念图

由GOT图和概念图得到的设计思维的定义是：

设计思维是一种以用户为中心的组织战略，旨在利用全球化和技术突破，重点通过利益相关者关系与价值管理，以保持组织领先并获得竞争优势，从而在VUCA经济的工业4.0—5.0时代中脱颖而出。最终的结果是比竞争对手更快（速度和交付保证）、更好（产品、服务和解决方案的质量）和更智能（成本和灵活性）。

设计思维的概念由其目的定义，由一个全面的框架支持，并通过基于项目的加速行动学习©增强。要执行设计思维战略，需要利用"对的实体世界"、由"对的人员"实施"对的流程"。

- "对的流程"由设计思维的八个步骤、全方位整合式思维的8As流程和变革管理的八个步骤组成。
- "对的实体世界"由作者开发的10个全方位整合式思维工具，用于增强管理能力、领导能力和创新者精神，由帮助建立信心的五个基石构成。

> ● "对的人员"是关键的利益相关者，他们可以影响努力的成败。一些关键的利益相关者是客户、最终用户、投资者、股东、政府和政客、监管者、主要供应商、承包商和销售商。

有效的设计思维具有独特的、可扩展的和难以模仿的关键任务核心能力。整个思维框架以横向思维为基础，贯穿整体思维、系统思维和批判性思维，在精益六西格玛的帮助下，不断磨炼整合、实施、创新和持续改进的能力。在项目实施过程中（轻量级、中等量级和重量级）基于项目的加速行动学习©的结果增强了我们的思维能力。

设计思维以用户为中心的战略的成功源于对利益相关者关系与价值管理的重视。这是由管理者、领导者和创新者的培养结果来衡量的，他们增强了自己的专业能力、沟通能力、适应能力、耐力、危机扭转能力和技术能力，以进一步提升最高执行能力，超越世界一流水平。

行之有效的现代设计思维是战略驱动的，通过最大限度地发挥流程驱动、人员驱动和实体世界驱动并辅以技术驱动的最终优势，在VUCA经济中迎合工业4.0—5.0时代的浪潮。

# 参考文献

[1] Bennis, Warren, 2009. Becoming a Leader, Basic Books.

[2] Bartlett, Christopher A. and Ghoshal, Sumantra, Nov-Dec 1994. Changing the Role of Top Management: Beyond Strategy to Purpose, Harvard Business Review.

[3] Bartlett, Christopher A. and Ghoshal, Sumantra, Jan-Feb 1995a. Changing the Role of Top Management: Beyond Structure to Processes, Harvard Business Review.

[4] Bartlett, Christopher A. and Ghoshal, Sumantra, May-Jun 1995b. Changing the Role of Top Management: Beyond Systems to People, Harvard Business Review.

[5] Bridges, William, 2017. Managing Transition: Making the Most of Change, 4$^{th}$ Edition, Da Capo Lifelong Books.

[6] Chan, KC, 2017. Only The Wholistic Survive. International Journal of Professional Management, 12(1), pp 1-20.

[7] Chan, KC, and Indrajit, ER, 2017. Technopreneurship: From Strategy to Results, TWAN Pte Ltd.

[8] Chan, KC, Indrajit, ER., and Christopher Goh, 2017. Project-based Action Learning: Make Projects the School for Agile Leaders, TWAN Pte Ltd.

[9] Chan, KC, 2016. Project Management as Core Competence for All Managers. International Journal of Professional Management, 11 (3), pp 1-4.

[10] Chan, KC, and Christopher Goh 2016. Globalization and Its Impact on the New Economy. International Journal of Professional Management, 11 (6), pp 1-12.

[11] Chan, KC, 2015a. Globalization and Its Impact on the 2020 Economy. Furniture and Furnishing.

[12] Chan, KC, 2015b. Ten Tools of Innovation. Furniture and Furnishing.

[13] Chan, KC, 2012. Accelerated Learning for Improved Plantations Performance, International Journal of Professional Management, 6 (2), pp 1-14.

[14] Chandler, Alfred, 1962. Strategy and Structure: Chapters in the History of American Industrial Enterprise, MIT Press.

[15] Christensen, C, 2010. Disruptive Innovation. Boston: Harvard Business Review Press.

[16] Clark, K, 1994. Make Projects the School for Leaders. Boston: Harvard Business Review.

[17] Collins, J, 2001. Good to Great. New York: Harper Business.

[18] Covey, S, 1992. Principle-Centred Leadership. New York: Fireside Press.

[19] Covey, S, M.R, 2008. The Speed of Trust: The One Thing That Changes Everything. Free Press.

[20] De Bono, E, 2015. Lateral Thinking: Creativity Step by Step. New York: Harper Colophon.

[21] Drucker, P, 2006a. Effective Executive. New York: Harper Business.

[22] Drucker, P, 2006b. Innovation and Entrepreneurship. New York: Harper Business.

[23] Friedman, Steward D, 2014. Total Leadership: Be a Better Leader, Have a Richer Life. Boston: Harvard Business Review Press.

[24] Handy, Charles, 1994. The Age of the Paradox. Boston: Harvard Business School Press.

[25] Hagemann, Bonnie, Vetter, Simon and Maketa, John, 2017. Leading with Vision, Nicholas Brealey Publishing, Boston.

[26] Haller, Howard E., 2014. Intrapreneurship: Ignite Innovation, Silver Eagle Press.

[27] Herrmann-Nehdi, 2015. The Whole Brain Business Book: Unlocking the Power of Whole Brain Thinking in Organizations, Teams and Individuals, Second Edition, McGraw-Hill.

[28] Jobs, S, 2011. The Innovation Secrets of Steve Jobs. New York: McGraw-Hill.

[29] Kanter, RM, 1997. World Class: Thriving Locally in the Global Economy. New York: Simon & Schuster.

[30] Kaplan, RS, & Norton, DP, 1996. The Balance Scorecard: Translating Strategy into Action. Boston: Harvard Business Review Press.

[31] Kaplan, RS, & Norton, DP, 2004. Strategy Map: Converting Intangible Assets into Tangible Outcomes. Boston: Harvard Business Review Press.

[32] Kaplan, RS, & Norton, DP, 2008. The Execution Premium: Linking Strategy to Operations for Competitive Advantage. Boston: Harvard Business Review Press.

[33] Kim, C, & Mauborgne, R, 2015. Blue Ocean Strategy: How to Create Uncontested Market Space and Make the Competition Irrelevant, Updated Edition, Boston: Harvard Business Review Press.

[34] Kim, C, & Mauborgne, R, 2017. Blue Ocean Shift: Beyond Competing-Proven Steps to Inspire Confidence and Seize New Growth, Hachette Books.

[35] Kotter, J, & Cohen, DS, 2012. The Heart of Change. Boston: Harvard Business Review Press.

[36] Kotter, J, 2012. Leading Change. Boston: Harvard Business Review Press.

[37] Marquardt, MJ, 2004. Optimizing the Power of Action Learning. London: Nicholas Brealey.

[38] Naiman, Linda, 2017. Design Thinking as a Strategy for Innovation.

[39] Pink, DH, 2006. A Whole New Mind: Why Right-Brainers Will Rule the Future. New York: Riverhead Books.

[40] Project Management Institute, 2017. Project Management Body of Knowledge, $6^{th}$ Edition.

[41] Revans, RW, 1976. Action Learning in Hospitals. New York: McGraw-Hill Review Press.

[42] Simon, Herbert A, 1996. The Sciences of the Artificial, $3^{rd}$ Edition. The MIT Press.

[43] Smith, R, 2007. The 7 Levels of Change: Different Thinking for Different Results, $3^{rd}$ Edition, Tapestry Press.

[44] Tuckman, Bruce, 1965. Development Sequence in Small Groups. Psychological Bulletin. 63(6):384-399.

# 致　　谢

如果没有以下权威人士的不断支持和无限鼓励，这本书将永远不会完成。

姜台林博士，法思诺创新教育（北京）总裁兼首席创新顾问，国际设计思考学会联合创始人兼副主席，感谢他慷慨、真诚地为此书作推荐序。

**Caroline Bagshaw**（英国），国际专业管理杂志主编，他负责本书英文版的全面质量管理。

林伟平，整合终身学习研究院经理，她负责本书中文版的全面质量管理。

王志玮、李彬，他们负责本书中文版的翻译，此外，雷宏宇、秦佳萌、赖俊才、吴心淼也为翻译工作提供了很大的帮助。

致我们所有亲人，他们以各种各样的方式直接或间接地帮助我们钻研设计思维。如今，我们面临的真正挑战是如何设计得更快、更好、更智能，以便在竞争中保持领先地位。值得注意的是，设计思维与整合式思维相结合才能发挥最佳效用！

# 关于作者

❖ 陈劲教授

清华大学经济管理学院教授,清华大学技术创新研究中心主任,《国际创新研究学报(英文)》(Scopus)主编,*International Journal of Knowledge Management Studies*(Scopus and ESCI)主编,*International Journal of Innovation and Technology Management*(Scopus and ESCI)主编,*International Journal of Technology and Globalisation*主编,《清华管理评论》执行主编,《管理》杂志执行主编,2021年和2023年被评为全球最具影响力的50大管理思想家(Thinkers50)之一。

❖ 陈家赐教授(KC Chan)

新加坡实践教授、整合终身学习研究院创办人。

30多个国家的大学客座教授、国际商业管理顾问和企业培训师,经常在亚洲管理、领导力和创业会议上发表演讲,最新的研究方向是精益敏捷创业(重新定义为"创新"),通过基于项目的加速行动学习©——PBAAL©(改变我们思考、工作、行为和执行方式的范式转变™),帮助中小企业和跨国公司应用全方位整合式思维来实现转型战略,著有6本关于管理、领导力和创新的书籍,还发表了100多篇文章。